L'économie mondiale 2013

La Découverte
9 *bis*, rue Abel-Hovelacque
75013 Paris

Les publications du CEPII

International Economics/Économie internationale, la revue trimestrielle du CEPII. Parmi les thèmes abordés en 2011 :

— les développements récents sur les marchés des matières premières et du carbone ;
— les liens entre institutions et commerce ;
— les questions de liquidité financière, mobilité des capitaux et développement économique ;
— la présentation d'une nouvelle base de données commerciales sur les valeurs unitaires.

La Lettre du CEPII, publiée chaque mois, est disponible sur le site du CEPII. Les numéros récents sont :
— n° 324, 1er août 2012 : « Peut-on dévaluer sans dévaluer ? » ;
— n° 323, 12 juillet 2012 : « La protection commerciale dans le monde » ;
— n° 322, 26 juin 2012 : « Crise de la zone euro : quelles conséquences pour les économies africaines ? ».

Le CEPII publie en outre des ouvrages chez Economica ou aux Éditions La Découverte.

Une liste des publications est disponible sur demande au CEPII. Pour tout renseignement, appeler Sophie Piton au CEPII (tél. : 01.53.68.55.23 ; e-mail : sophie.piton@cepii.fr).

L'Économie mondiale 2013 est publié sous la responsabilité de la direction du CEPII. Les opinions exprimées sont celles des auteurs.

Centre d'Études Prospectives et d'Informations Internationales (France).

L'Économie mondiale 2013/CEPII : éd. sous la dir. d'Agnès Bénassy-Quéré et Agnès Chevallier, Paris, La Découverte, 2012 — Repères, n° 604 (économie).

Réalisation PAO : Laure Boivin, Sophie de Salée.

ISBN : 978-2-7071-7444-4

Introduction

*Agnès Bénassy-Quéré et Agnès Chevallier**

Cinq années se sont écoulées depuis le début de la crise financière partie des États-Unis. Les espoirs d'une reprise prenant progressivement de la vigueur après la récession de 2009 ont été anéantis par la crise de la zone euro. La faiblesse de la croissance américaine et le ralentissement des pays émergents laissent l'économie mondiale sans moteur. Agnès Chevallier consacre une grande partie du chapitre I à rappeler pourquoi et de quelle façon la zone euro s'est enfoncée dans une crise qui a retenti sur les conditions de financement et d'activité de l'ensemble de l'économie mondiale.

Aux États-Unis, la reprise manque de vigueur et le chômage reste à un niveau élevé. Christophe Destais dresse un panorama de l'économie américaine à la veille de l'élection présidentielle et présente les principaux thèmes de la campagne : les orientations budgétaires, l'emploi et la réindustrialisation, les inégalités et la finance (chapitre II).

Les deux chapitres consacrés aux grands émergents que sont la Chine et l'Inde adoptent des démarches opposées pour saisir ce qui se joue actuellement dans les deux pays. Michel Aglietta se projette vingt ans en avant pour dégager les objectifs de la troisième phase de la réforme chinoise et en déduire les inflexions de la politique économique et les réformes institutionnelles nécessaires pour y parvenir (chapitre III). Cristina

* Agnès Bénassy-Quéré, directrice du CEPII, et Agnès Chevallier, économiste au CEPII, ont assuré la conception et la coordination de cet ouvrage.

Terra mesure le chemin parcouru par le Brésil, sur le plan tant politique qu'économique, et montre comment les réformes des deux dernières décennies ont doté le pays d'une stabilité et d'une capacité de réponse aux chocs qu'il n'avait jamais connues. Elle discute ensuite des obstacles qui demeurent sur la voie d'une croissance plus forte et plus soutenable (chapitre IV).

Avec la crise qui se prolonge, l'opinion publique manifeste de plus en plus d'hostilité envers la finance et conteste la place prépondérante qu'elle a prise. Si l'activité financière est indispensable à l'économie, il faut s'interroger sur ses récents excès et dysfonctionnements. Pour éclairer les liens entre finance et croissance, Christophe Boucher et ses coauteurs dégagent les principaux apports de la littérature économique, puis envisagent les voies qui permettraient de remettre la finance au service de l'économie réelle et de la croissance (chapitre V).

Enfin, deux chapitres sont consacrés au commerce mondial. La progression des échanges entre pays du Sud en est l'évolution récente la plus spectaculaire (chapitre VI). Elle repose sur une différenciation des économies du Sud qui crée entre elles de nouvelles complémentarités, au risque cependant de bloquer certains pays dans leur spécialisation « traditionnelle ». Jean-Raphaël Chaponnière et Marc Lautier soulignent en particulier que la compétitivité de l'industrie chinoise constitue un formidable défi pour l'industrialisation des autres pays en développement et peut être source de réactions protectionnistes.

Plus discrète, la progression des échanges internationaux des déchets n'en est pas moins un phénomène qu'il est intéressant d'observer finement tant sont importants ses enjeux environnementaux et sanitaires. Après avoir dressé un état des lieux de ce commerce, Sophie Bernard et ses coauteurs abordent les questions relatives aux havres de déchets, aux efforts menés dans le cadre de la convention de Bâle pour encadrer les échanges de déchets dangereux et, enfin, au commerce illégal (chapitre VII).

Les compléments statistiques rassemblés par Colette Herzog situent les évolutions macroéconomiques et commerciales récentes dans une perspective longue.

I / L'économie mondiale cinq ans après la crise financière

*Agnès Chevallier**

Au milieu de l'été 2012, cinq ans après le début de la crise financière, l'incertitude sur la politique budgétaire américaine et le ralentissement dans les pays émergents s'ajoutent à la spirale infernale qui emporte la zone euro pour assombrir les perspectives de l'économie mondiale. Les dirigeants européens ont laissé les marchés financiers dans l'incertitude quant à l'avenir de l'union monétaire et les interventions massives de la Banque centrale européenne (BCE) n'ont pu calmer qu'un temps les tensions financières. L'Europe est en récession et l'ensemble des économies de la zone euro, y compris l'Allemagne, est désormais atteint. La zone euro n'a pas trouvé d'issue à la crise ; l'économie mondiale n'a pas retrouvé de moteur.

Dettes privées, dettes publiques

La crise financière partie des États-Unis en 2007 a mis brutalement fin à un cycle d'endettement porté essentiellement par les institutions financières et les ménages des économies avancées. La montée des défaillances dans un compartiment du marché du crédit – celui des crédits *subprime* – a conduit à une réappréciation générale des risques. Dans la plupart des économies avancées, l'arrêt

---

* Agnès Chevallier est économiste au CEPII. Maëlan Le Goff et Sophie Piton, économistes au CEPII, ont participé à la confection de ce chapitre.

de l'endettement privé produit alors un choc brutal. Les sauvetages financiers, les soutiens à l'économie engagés par les États et, surtout, les conséquences sur leurs budgets du recul de l'activité font grimper les dettes publiques. Or, dans la plupart des cas, ces dettes rapportées au PIB étaient déjà à des niveaux élevés et, pour qu'elles restent sur des trajectoires soutenables, leur progression devait être ralentie. Chercher à réduire l'endettement public alors que les ménages se désendettent risque toutefois d'exercer sur la demande globale et le revenu une pression qui, finalement, rendra plus difficile l'assainissement financier tant public que privé.

De ce point de vue, le niveau de la dette et des déficits publics semblait placer la zone euro, prise dans son ensemble, dans une position moins difficile que celle des États-Unis ou du Japon. Cependant, le niveau de la dette compte moins que les conditions de son financement. L'État, en effet, parce qu'il a une existence infinie, n'a pas à rembourser sa dette. Il peut indéfiniment renouveler ses emprunts pour rembourser ceux arrivant à échéance. Sa capacité à le faire de façon soutenable dépend des conditions dans lesquelles ces nouveaux emprunts vont pouvoir être financés. Dans un environnement où l'aversion au risque est devenue élevée, ces conditions peuvent se modifier rapidement. On se situe typiquement dans un cas d'équilibres multiples, c'est-à-dire dans une situation où le point vers lequel l'économie va converger dépend des anticipations. Si les créanciers ont confiance dans la solvabilité de l'État emprunteur, les taux exigés seront bas, l'État sera solvable ; s'ils anticipent une détérioration de la solvabilité, les taux seront élevés et l'État risque de devenir insolvable. L'existence d'équilibres multiples justifie une intervention publique pour faire converger l'économie vers l'équilibre le plus souhaitable. Faute d'avoir adopté une approche coordonnée des politiques à mener pour faire converger l'ensemble de la zone vers une situation financière soutenable, les dirigeants de la zone euro ont laissé la défiance se développer. Les pays les plus exposés ont dû opérer un ajustement brutal dont les conséquences sur l'ensemble de la zone et l'économie mondiale n'ont fait que s'amplifier.

La zone euro au risque de la dislocation

Le chapitre de *L'Économie mondiale 2012* consacré à la crise de la zone euro en a expliqué les causes et a décrit comment différents instruments, en particulier le fonds de sauvetage européen, le FESF (Fonds européen pour la stabilité financière), ont été progressivement mis en place pour y répondre. Il se terminait sur les décisions prises par le Conseil européen du 21 juillet 2011 : un deuxième plan d'aide à la Grèce, cofinancé par le FESF et le Fonds monétaire international (FMI), avec le principe d'une implication des créanciers privés. Pour prévenir le risque que l'anticipation des pertes sur les titres grecs ne conduise, par contagion, ces créanciers à se défaire d'autres titres souverains de la zone, la capacité d'intervention du FESF était élargie. Les mois qui ont suivi ont pourtant vu la contagion s'étendre à l'Italie et à l'Espagne, une véritable crise financière se développer, la situation des pays périphériques s'aggraver et l'ensemble de la zone euro glisser dans la récession.

Des règles et des marchés

Une union monétaire peut-elle fonctionner sans union budgétaire, une monnaie peut-elle exister sans souverain ? Certains pensent que oui, à condition que des règles adéquates, parfaitement définies, soient strictement respectées. Cela est-il réaliste ? La réponse est depuis longtemps débattue. Mais ce que la crise actuelle démontre, c'est bien la fragilité d'une union monétaire où les marchés sont libéralisés et les règles comme les institutions inadéquates. L'intégration par les marchés de biens et de capitaux a créé en zone euro une très forte interdépendance qu'aucune institution publique n'est à même de gérer. Or les marchés sont versatiles. S'ils commencent à douter de la solidité de l'union, sa déconstruction est en marche (graphique 1). La seule institution en état de réagir est l'unique organe fédéral dont la zone euro s'est doté : la Banque centrale européenne.

La crise de 2007-2008 a conduit la BCE à intervenir pour rétablir la stabilité du système financier et à jouer, vis-à-vis du système bancaire de la zone, son rôle de prêteur en dernier ressort (PDR). Face à l'instabilité qui s'est développée sur les marchés des dettes souveraines, l'action de la BCE est restée contrainte. L'article 123 du traité sur le fonctionnement de l'Union européenne interdit en effet tout financement des États par la Banque centrale (toute monétisation des dettes) afin que la frontière entre la responsabilité monétaire, confiée à la Banque centrale indépendante, et les responsabilités budgétaires des États membres soit bien établie. En l'absence de PDR, les dettes émises par chaque État se trouvent l'être « en monnaie étrangère » : les gouvernements ne peuvent pas garantir à ceux qui détiennent leurs dettes qu'ils seront remboursés à échéance. Les États sont dès lors vulnérables au doute sur leur solvabilité. Les fonds que le FESF peut leur prêter pour les aider à faire face à ces échéances sont censés les prémunir contre un processus cumulatif de défiance. Mais le FESF a une capacité de prêts limitée et son soutien, conditionné à des programmes d'ajustement, exige une procédure longue. Seule la BCE, qui dispose de la capacité illimitée d'apporter toutes les liquidités nécessaires, pourrait, si elle y était autorisée, jouer le rôle d'acheteur en dernier ressort des dettes souveraines et fixer ainsi une limite au niveau des taux publics. L'institution s'est trouvée prise entre deux exigences : agir pour contrer la dynamique de marché, mais ne pas empiéter sur le domaine budgétaire. Pour satisfaire la première, elle va acheter des titres de dettes des pays en difficulté ; pour satisfaire la seconde, elle ne le fera que pour des montants limités et sur le marché secondaire. Elle fera aussi en sorte de subordonner ses interventions à l'adoption par les États membres d'un cadre budgétaire renforcé, susceptible de diminuer l'aléa moral, autrement dit d'éviter qu'un État auquel elle aurait porté secours devienne moins prompt à corriger sa politique budgétaire. Elle va aussi agir indirectement sur le financement des dettes souveraines en apportant des liquidités au système bancaire. L'interdépendance des États et des systèmes bancaires est en effet particulièrement forte dans la zone euro. Les banques domestiques détiennent à leur bilan une grande part de la dette émise par leur État ; en temps de crise, aider les banques à maintenir cette détention est une façon de soutenir l'emprunteur souverain. En sens inverse, chaque État membre pouvant être conduit à venir au secours de son système bancaire national, la détérioration du bilan des banques altère la signature du souverain et, en ricochet, celle des banques. Si l'on ajoute à cette interdépendance la très forte intégration des systèmes bancaires au sein de la zone euro et la place particulièrement élevée des banques dans le financement des entreprises non financières (70 %, contre 21 % aux États-Unis), on a les ingrédients d'une boucle entraînant dettes souveraines, banques et économie réelle dans une spirale de crise difficile à briser.

De l'été 2011 à l'été 2012, une année sous haute tension

Les décisions que les Européens ont prises en juillet 2011 n'ont pas convaincu. La taille du FESF reste trop réduite : le pare-feu ne serait pas à la hauteur des besoins de l'Italie ou de l'Espagne qui, à leur tour, suscitent des doutes quant à la solvabilité de leurs

Graphique 1. **Taux des emprunts publics à dix ans des principaux pays de la zone euro**
(1993-2012, en %)

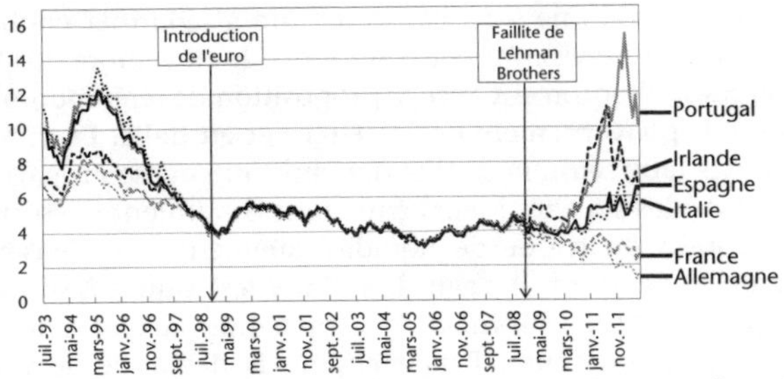

Note : la Grèce ne figure pas sur ce graphique car le niveau de ses taux écrase les autres données.

Source : Datastream.

dettes souveraines. La contagion gagne d'autant plus ces deux pays que les perspectives de croissance mondiale, révisées à la baisse, vont partout rendre le désendettement plus difficile. Les rendements exigés sur les titres souverains espagnols et italiens grimpent (graphique 2). La BCE va alors réactiver son Programme pour les marchés de titres (en anglais, SMP) inauguré en mai 2010 : on estime (les chiffres ne sont pas publiés) que 22 milliards d'euros de titres espagnols et italiens sont achetés entre le 8 et le 12 août 2011. Néanmoins, la BCE ne cède pas aux pressions extérieures en faveur d'opérations de plus grande envergure qui sont motivées par la crainte de voir la crise se propager au sein de la zone euro et affaiblir encore plus la conjoncture mondiale.

Le 26 octobre 2011, le Conseil européen décide un ensemble de mesures destinées à réduire la fragilité financière et le risque d'insolvabilité : la capacité maximum de prêts du FESF et du futur MES (Mécanisme européen de stabilité) sera portée à 500 milliards d'euros ; dans le cadre de la restructuration de la dette grecque, l'abandon « volontaire » de créances de la part du secteur privé, envisagé d'abord à hauteur de 21 % de la valeur faciale des titres, passe à 50 % ; suivant les directives de Bâle 3, un plan de recapitalisation des banques européennes impose à soixante-cinq grandes banques de porter à 9 % avant la fin juin 2012 le ratio du « noyau dur » de leurs fonds propres (*core tier 1*) à leurs actifs pondérés des risques. Pour réaliser cette baisse de leur levier, les banques ont deux solutions : soit se recapitaliser soit réduire leurs actifs. Si elles choisissent, ou sont contraintes, d'adopter la seconde solution, le risque est que la diminution de la taille de leurs bilans s'accompagne d'une contraction des nouveaux prêts.

Ces perspectives ne sont pas de nature à redonner confiance aux opérateurs privés. Au cours du mois de novembre 2011, les inquiétudes se renforcent avec la proposition de référendum grec et les crises gouvernementales en Grèce et en Italie. La différenciation des taux selon la qualité des emprunteurs se propage aux obligations des sociétés ; leurs émissions diminuent. Désormais, la perception du risque de liquidité augmente sur l'ensemble des marchés. Partout, il s'agit de réduire les risques à son bilan et en particulier de diminuer son exposition aux pays les plus fragiles de la zone euro. Parallèlement, la demande de valeurs refuge augmente. L'or grimpe. L'appréciation du yen et du franc suisse n'est stoppée que par les interventions des deux banques centrales. Le dollar monte face aux monnaies émergentes et on assiste à de fortes sorties des fonds actions émergents d'autant plus que la croissance de ces économies ralentit. Du côté des banques, à la suite du sauvetage de la banque franco-belge Dexia spécialisée dans le financement public, plusieurs notations bancaires sont abaissées ; les actions bancaires de la zone euro chutent. L'interdépendance entre la qualité de la signature d'une banque et celle de son souverain apparaît de plus en plus nettement dans l'évolution parallèle des primes des contrats d'assurance contre le défaut de paiement (CDS) bancaire et souverain.

L'accès des banques aux financements de marché devient plus difficile. Les prêts bancaires transfrontières se réduisent. Les banques et les fonds de placement monétaires américains restreignent leurs prêts aux banques européennes. L'accès réduit au financement en dollars conduit certaines banques européennes à stopper leur financement en dollars des entreprises multinationales. Le 30 novembre 2011, ces tensions conduisent six grandes banques centrales, dont la BCE et la Fed, à passer des accords de *swaps* de liquidité et à en abaisser le coût. Au sein même de la zone euro, les banques riches en dépôts, les banques allemandes notamment, sont réticentes à prêter à celles qui détiennent des titres souverains en baisse. Les banques d'Europe du Sud connaissent des retraits de dépôt et ne peuvent plus trouver sur le marché interbancaire les financements dont elles ont besoin. La BCE joue alors son rôle de PDR du système bancaire en leur fournissant ces liquidités à travers le système Target 2 (encadré 1).

Dans ce climat de tensions financières aiguës et de ralentissement de l'activité, les pays de la zone euro vont chacun vouloir afficher des objectifs de redressement budgétaire d'autant plus sévères qu'ils se sentent vulnérables. Ils vont aussi adopter de nouvelles règles de discipline. Le 2 décembre 2011, le président de la BCE, Mario Draghi, déclare que la Banque se tient prête à agir de manière plus agressive si les responsables politiques européens s'accordent sur des contrôles budgétaires renforcés. Sous l'impulsion des dirigeants français et allemands, lors du Conseil européen des 8 et 9 décembre 2011, les gouvernements adoptent de nouvelles règles de discipline et de surveillance et se fixent comme objectif une baisse du poids de leur dette. L'engagement sera inscrit dans le traité sur la stabilité, la coordination et la gouvernance signé en mars 2012 par les membres de l'Union européenne (à l'exception

Encadré 1. Les soldes Target

Avant la crise, les flux financiers privés entre pays de la zone permettaient de financer les opérations courantes qu'ils effectuaient entre eux. Les banques allemandes, par exemple, prêtaient aux banques espagnoles des fonds qui leur permettaient de régler leurs importations d'équipements allemands. À travers le système Target de l'eurosystème, les flux monétaires compensent automatiquement les écarts qui peuvent apparaître en inscrivant, par exemple, un crédit au compte de la Bundesbank et un débit au compte de la Banque centrale espagnole. Avant la crise, ces écarts étaient faibles (graphique).

Dans la crise, la liquidité interbancaire a disparu, les banques allemandes ont cessé de financer les banques espagnoles. Le solde débiteur Target de la Banque d'Espagne et des autres banques centrales des pays du Sud a fortement augmenté tandis que la Bundesbank, les banques nationales du Luxembourg et des Pays-Bas ont accumulé d'importants soldes créditeurs (graphique). Dans la mesure où le refinancement de la BCE n'est plus limité en montant, les soldes Target ne sont, eux, limités que par le montant des collatéraux admis par les banques centrales nationales dont disposent les banques commerciales. Pour la deuxième opération de refinancement à trois ans, chaque Banque centrale nationale a étendu la gamme des collatéraux admis.

Graphique. **Balance nette avec l'eurosystème**

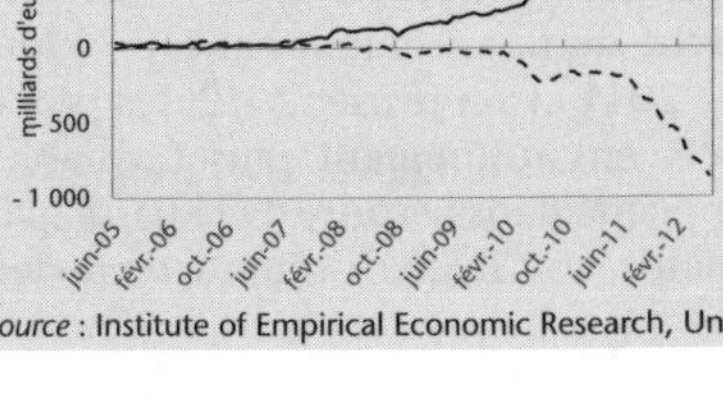

Source : Institute of Empirical Economic Research, Universität Osnabrück.

du Royaume-Uni et de la République tchèque). Le « pacte budgétaire » (*fiscal compact*) compris dans ce traité fixe les grandes lignes des nouvelles règles, en particulier le principe d'une « règle d'or », et impose à chaque pays de la transposer dans sa législation nationale. Il s'appuie sur les dispositions du *six pack*, six textes adoptés en 2011 qui intègrent une procédure de prévention et de correction des déséquilibres macroéconomiques.

Ces engagements sont jugés suffisamment rassurants pour « autoriser » la BCE à entreprendre une action d'envergure : elle va mener deux opérations de refinancement à un terme exceptionnel, trois ans, et fournir aux banques de la zone euro autant de ressources en euro qu'elles en demanderont (la gamme des titres admis en dépôts de garantie est élargie). Ces opérations de refinancement à long terme (en anglais, LTRO) qui se déroulent les 21 décembre 2011 et 29 février 2012 vont casser une dynamique de marché qui n'avait jusque-là cessé de s'amplifier. Par ces opérations de près de 1 000 milliards d'euros au total, la BCE apporte aux banques les liquidités suffisantes pour les assurer de pouvoir faire face à leurs échéances sur 2012-2014. Elle soulage ainsi les banques d'une grande partie du risque de liquidité qu'elles portaient, évitant de cette façon qu'elles ne soient conduites à se débarrasser de titres de dettes (publiques en particulier), qu'elles ne parvenaient plus à refinancer (sur les conséquences du point de vue du partage des risques, voir encadré 2). Certaines, notamment les banques italiennes et espagnoles qui ont largement participé à ces opérations, ont utilisé une partie de ces liquidités pour acheter des obligations de leurs États afin de bénéficier de l'écart de rendement. Ces achats ont contribué à faire baisser les taux, mais ont augmenté l'exposition des banques au risque souverain.

La détente qui a suivi, en janvier et février 2012 (graphique 2), manifeste à nouveau, mais cette fois dans un sens positif, l'interdépendance banques-souverain. Les obligations d'État espagnoles et italiennes voient leur rendement baisser sensiblement. En retour, cette amélioration produit des effets positifs sur les conditions de financement des banques ; les investisseurs reviennent sur le marché du financement bancaire à long terme. Entre début décembre 2011 et fin février 2012, les prix d'actifs remontent. Grâce à cet environnement plus favorable, l'échange de titres de dette grecque dans le cadre de la participation du secteur privé (197 milliards, soit la quasi-totalité de la dette détenue par le secteur privé) qui a lieu au cours de la deuxième semaine de

Encadré 2. Le partage des risques

Les risques souverains des pays de la zone euro sont de plus en plus portés par des institutions publiques qui se substituent au marché :

– le FESF : les membres de la zone euro ont apporté des garanties aux titres émis par le FESF pour financer les prêts aux pays qui y font appel. Si l'un d'entre eux fait défaut, le FESF se retournera vers les autres États qui devront le renflouer en fonction de leur quote-part au capital de la BCE. Dans le cas de la Grèce, les garanties apportées atteignent 108 milliards d'euros (23,5 pour la France et 31,4 pour l'Allemagne) ;

– la BCE accumule des dettes souveraines à son bilan. Dans le cadre du SMP, elle en a acheté pour un montant de 210 milliards d'euros ; les apports massifs de liquidités aux banques ont été faits en échange de dépôts de garantie qui, pour une grande part, sont des dettes souveraines ; enfin, par le système de compensation Target 2, les banques centrales des pays du Sud ont accumulé des dettes importantes auprès de l'eurosystème.

La détérioration de la qualité du bilan de la BCE et le coût que ferait porter sur les autres États membres un défaut de l'un d'eux suscitent de vifs débats, particulièrement en Allemagne.

mars n'a qu'une incidence limitée sur les autres marchés européens des obligations souveraines et des CDS.

Cependant, les effets stabilisants des interventions de la Banque centrale s'érodent rapidement et, dès la mi-mars, les rendements sur les obligations italiennes et, surtout, espagnoles repartent à la hausse. Eurostat publie les chiffres du chômage dans la zone euro : 11 % en moyenne en mars, 24,1 % en Espagne. La recapitalisation de Bankia, quatrième banque espagnole (elle sera nationalisée le 25 mai), apparaît beaucoup plus coûteuse que prévu et conduit les autorités espagnoles à demander le soutien financier du FESF. Le plan européen de 100 milliards d'euros devra, selon les règles alors en vigueur, passer par le budget de l'État espagnol,

Graphique 2. **Taux des emprunts publics à dix ans en Italie et en Espagne** (2011-2012, en %)

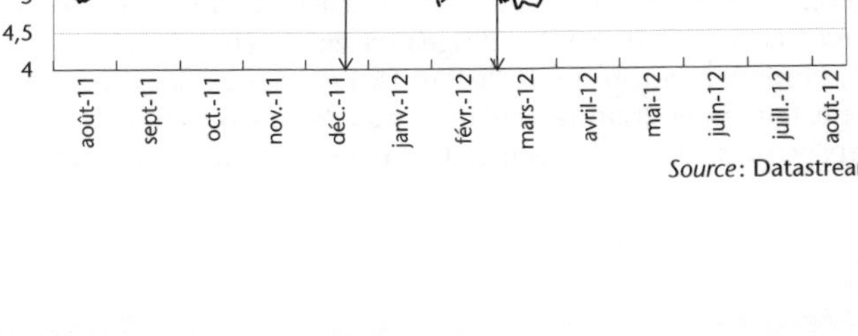

Source: Datastream.

ce qui ajoutera autant à sa dette souveraine. En Grèce, le premier versement du plan de 130 milliards d'euros est débloqué, il est conditionné à de nouvelles coupes budgétaires et à l'avancée des privatisations. La formation d'un gouvernement de coalition après les élections du 17 juin est loin d'arrêter les supputations sur une possible sortie de la Grèce de la zone euro.

Les craintes que la détérioration économique de la zone euro ait un impact de plus en plus négatif sur l'économie mondiale ont conduit à plusieurs reprises le G20, les États-Unis et le FMI à faire pression sur les dirigeants européens pour qu'ils adoptent des mesures plus décisives et plus collectives. Pour le FMI, qui fait face à des dissensions internes quant à l'aide apportée à la zone euro, la priorité immédiate est de réaliser une union bancaire au sein de la zone pour couper la spirale des dégradations des finances publiques et des bilans bancaires. À l'issue du sommet du 29 juin 2012, les dirigeants européens décident de mettre en place avant la fin de l'année une supervision centralisée des banques, qui sera confiée à la BCE, et de demander à la Commission d'élaborer une proposition concrète d'ici la fin de l'année. Le MES pourrait alors participer directement à des opérations de recapitalisation (les banques espagnoles pourraient être recapitalisées sans augmenter la dette de l'État). Il y aurait là le premier élément d'une union bancaire. Mais une telle union exigerait que les Européens se dotent d'un fonds commun de restructuration bancaire, impliquant une solidarité budgétaire qui est encore loin de se dessiner.

Récession en zone euro et ralentissement mondial

Zone euro : les conséquences de l'ajustement

À la différence des pays en développement confrontés dans les années 1980 ou 1990 à des crises de balance des paiements, les pays périphériques ont pu, grâce aux refinancements de la BCE et par la montée des soldes Target, éviter les cessations de paiement. Cependant, ils se trouvent, eux aussi, contraints par leurs créanciers publics (États européens, FESF et FMI) à appliquer des programmes d'ajustement dont l'objectif est qu'ils parviennent à réduire leurs besoins de financement et qu'ils accèdent à nouveau au crédit privé. Le pari fait par les dirigeants européens et par la Troïka (Commission européenne, BCE et FMI en charge des programmes d'ajustement en Irlande, en Grèce et au Portugal) était qu'un vigoureux redressement budgétaire allait enclencher un cercle vertueux.

Le recul des dépenses publiques, et notamment la diminution des salaires des fonctionnaires, allait faire baisser la demande interne et, partant, les importations. La baisse des salaires se diffusant de la fonction publique aux autres secteurs réaliserait, dans des pays où la monnaie ne peut pas être dévaluée, une « dévaluation interne » ; les réformes structurelles aidant, l'amélioration de la compétitivité permettrait une progression des exportations et un redémarrage de la croissance. Cet enchaînement vertueux – dont la validité théorique a été largement débattue – ne s'est pas produit. Les révisions successives par le FMI de ses prévisions de la croissance grecque manifestent on ne peut plus clairement l'échec de cette stratégie : la croissance prévue pour 2012 est passée, en seize mois, entre mars 2011 et juillet 2012, de près de 1 % à – 7 %. Sur le marché du travail, l'ajustement a porté davantage sur l'emploi que sur les salaires (en juin 2012, les taux de chômage, corrigés des variations saisonnières, étaient de 24,8 % en Espagne, 22,5 % en Grèce, 15,4 % au Portugal). La chute de la demande interne a fait baisser les importations, mais la contribution des exportations au redressement du solde courant a été faible, voire inexistante. La Grèce et le Portugal ont perdu depuis dix ans d'importantes parts de marché. Leur spécialisation sectorielle et géographique (près du tiers des exportations du Portugal sont à destination de l'Espagne et plus du tiers de celles de la Grèce vont vers les pays d'Europe de l'Est) fait que la demande extérieure qui leur est adressée ne progresse pas. L'Espagne et l'Italie ont plus de ressources de compétitivité, mais leur environnement n'est pas favorable, que ce soit en Europe ou dans le Sud de la Méditerranée. Dans ces conditions, la reprise des financements privés ne peut se produire. En Grèce, une restructuration de la dette, touchant cette fois les créanciers publics, paraît inévitable.

Tandis que les pays périphériques plongent dans la récession, ceux du centre, l'Allemagne notamment, apparaissent, dans un premier temps, comme des refuges. Deux phénomènes en attestent : l'arrivée en Allemagne d'un grand nombre d'immigrés en provenance d'Europe du Sud ; l'afflux de capitaux qui font baisser les taux d'intérêt à des niveaux extrêmement bas. En 2011, la consommation allemande connaît sa plus forte progression depuis cinq ans. L'investissement dans la construction est particulièrement dynamique. L'emploi augmente, le taux de chômage diminue. Des accords salariaux prévoient des augmentations de 3 % en 2012 et 2013. Cependant, une économie dont 40 % des exportations vont vers les pays de la zone euro et qui est, du côté privé comme du côté public, financièrement exposée aux risques des pays du Sud de la zone ne peut pas être longtemps abritée des effets dépressifs de la crise qui s'y déroule. Un ralentissement de l'activité devient perceptible en Allemagne en cours d'année 2011 ; en juin 2012, la production recule fortement dans l'industrie.

Sur l'ensemble de l'année 2012, la zone euro sera en récession : – 0,3 % (graphique 3). La croissance ne dépasserait pas 0,7 % à 1 % en 2013, selon les prévisions les plus optimistes. Des scénarios beaucoup plus sombres sont bien sûr envisagés, y compris celui d'un éclatement de la zone euro. Mais ils sont impossibles à chiffrer tant on entrerait là en territoire inconnu. Seule retombée économique positive du marasme européen : l'euro s'est affaibli face au dollar. La baisse des taux directeurs en juillet 2012 (à 0,75 %) dans la poursuite du mouvement engagé par la BCE à partir de novembre 2011 pourrait conforter cet avantage dans la compétition pour capter la demande mondiale.

L'incertitude américaine

Aux États-Unis, le désendettement des ménages a privé la reprise engagée en 2009 des deux moteurs habituels des reprises américaines : l'investissement résidentiel et la consommation de biens durables. La croissance reste sensiblement inférieure à celle des reprises antérieures. Après s'être effondré, l'immobilier résidentiel commence à donner quelques signes de redémarrage et les prix semblent se stabiliser. Le chômage diminue, mais reste à un niveau élevé pour ce pays (graphique 4) et le sous-emploi est important ; récemment, cependant, la progression de l'emploi s'est accélérée. Les États-Unis ont voulu donner la priorité au rétablissement de l'emploi avant d'engager la réduction de leur déficit public (9,5 % du PIB en 2011) et de leur dette. À la suite de la crise financière, l'impulsion budgétaire (variation du solde primaire structurel) a

Graphique 3. **Croissance du PIB**
(en %)

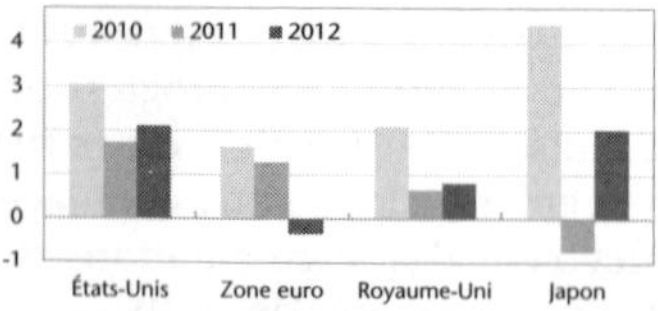

Source : FMI, *World Economic Outlook, Update*, juillet 2012.

Graphique 4. **Taux de chômage**
(en %)

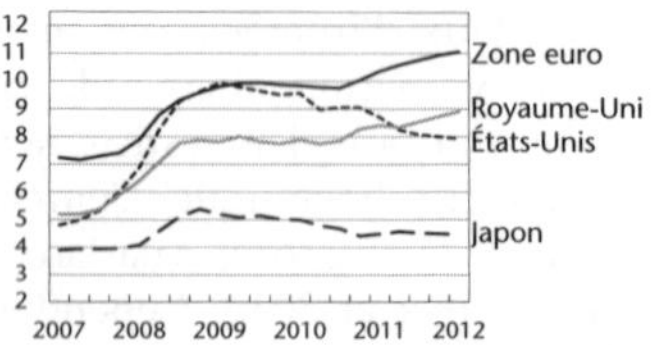

Source : OCDE.

été positive ; en 2011, elle n'a été que très légèrement négative. Jusqu'aux élections de fin 2012, l'incertitude majeure concerne les choix budgétaires qui seront faits à l'expiration programmée des baisses d'impôt mises en œuvre par George W. Bush et des mesures de soutien mises en place en 2007-2009 (chapitre II).

Le ralentissement des économies émergentes

Depuis le milieu des années 2000, le parallélisme des évolutions de la croissance des économies avancées et émergentes est très marqué ; il reflète l'importance des interdépendances commerciales et financières mondiales (graphique 5). En 2011-2012, les pays émergents ont été affectés par la faiblesse de la demande dans les économies avancées et par la très forte volatilité des financements internationaux. Ainsi, alors qu'au début de l'année 2011 leur objectif était toujours d'éviter les entrées excessives de capitaux et l'appréciation de leurs monnaies, rapidement, les craintes liées aux sorties de capitaux et à la dépréciation ont dominé. À la suite des deux LTRO de la BCE, les conditions de financement se sont à nouveau détendues.

On se souvient qu'en 2010 le Brésil avait suscité de vives polémiques en évoquant la « guerre des monnaies » à un moment où les entrées de capitaux faisaient grimper le real. La question était de savoir si les contrôles que le Brésil voulait utiliser pouvaient être justifiés par des considérations prudentielles ou s'ils n'étaient qu'un instrument de manipulation du taux de change. La position du FMI a évolué à cet égard et le Brésil a récemment reçu un *satisfecit* du Fonds pour avoir utilisé les « instruments de gestion des flux de capitaux » d'une manière contracyclique : pour freiner les entrées en période de surchauffe et les sorties en période de ralentissement. Le Brésil a connu ces deux situations au cours de l'année 2011.

Graphique 5. **Taux de croissance du PIB**
(en %)

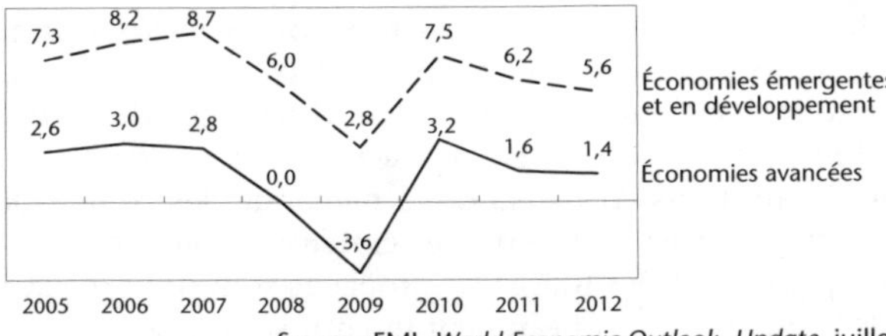

Source : FMI, *World Economic Outlook, Update*, juillet 2012.

Les politiques budgétaire, monétaire et de crédit utilisées pour contrer les pressions inflationnistes apparues en début d'année se sont conjuguées à la détérioration de l'environnement extérieur pour produire un freinage plus important que prévu (la croissance s'est établie sur l'année à 3,4 %). Pour contrer cette décélération, la Banque centrale a abaissé son taux directeur de 450 points de base entre août 2011 et juillet 2012 et le real s'est affaibli.

Les économies où, de façon structurelle, une croissance élevée se traduit par un fort déficit courant sont particulièrement vulnérables à une contraction des entrées de capitaux. C'est notamment le cas de la Turquie et de l'Inde où le risque d'une dépréciation de la monnaie diminue la capacité de réagir par le taux d'intérêt à un ralentissement de l'activité. Par ailleurs, la dépréciation augmente la facture pétrolière, très lourde dans les deux pays. Après deux années de croissance à 8,9 % et 8,5 %, portée par une forte demande intérieure dopée par le crédit, l'économie turque connaît au premier trimestre 2012 un fort ralentissement (3,2 % en taux annuel). En Inde, loin des 9 % qu'elle avoisinait ces dernières années, la croissance est tombée à 5,3 % au premier trimestre 2012, son plus faible niveau depuis dix ans. Le ralentissement global et la défiance accrue des investisseurs internationaux font émerger les contraintes structurelles au développement indien.

Les pays dont les liens financiers et commerciaux avec la zone euro sont les plus intenses sont, bien sûr, particulièrement affectés par la crise. L'Europe centrale et orientale a cependant bénéficié en 2011 de la forte demande allemande. Mais, en 2012, sa croissance atteindra à peine 2 %. En Afrique du Nord, le Maroc est particulièrement touché par la crise espagnole. L'économie tunisienne a connu une récession de plus de 2 % en 2011, l'année du renversement du régime. Son redémarrage est difficile du fait de la faible demande européenne ; la hausse des prix des produits agricoles et alimentaires renchérit le coût de la vie. La croissance en Afrique sub-saharienne est restée forte en 2011 (4,9 % ; 5,9 % en excluant l'Afrique du Sud). Les flux commerciaux et financiers qui relient désormais le continent aux pays émergents, et en particulier à la Chine, lui permettent d'accéder à des marchés dynamiques et d'être moins exposée à la conjoncture européenne. Néanmoins, la baisse de la demande, les coupes dans l'aide publique et les transferts des émigrés ou encore la baisse de la fréquentation des touristes européens sont des canaux par lesquels le marasme européen peut retentir sur l'Afrique.

La Chine n'est pas non plus à l'écart des retombées de la crise européenne et plus généralement de la faiblesse de la demande des économies avancées. Au premier trimestre 2012, ses exportations n'ont augmenté, en valeur, que de 7,6 % contre 24 % l'année précédente sur la même période ; en direction de l'Europe, elles ont baissé de 2 %. Ce ralentissement des exportations se produit à un moment où les effets des mesures prises en 2010 pour lutter contre la spéculation immobilière se font sentir. Or les investissements immobiliers, avec leurs forts effets d'entraînement sur les secteurs amont, ont été ces dernières années un puissant moteur de la croissance chinoise. Face au ralentissement de l'activité – la croissance au premier trimestre 2012 était de 8,1 % en rythme annuel contre 9,2 % sur l'ensemble de l'année 2011 – les autorités monétaires ont abaissé les taux de réserves obligatoires pour favoriser la distribution du crédit. Il s'agit pour le gouvernement chinois de piloter le ralentissement de la croissance et sa réorientation vers la demande intérieure (*cf.* chapitre III) tout en évitant un freinage trop brutal.

Références bibliographiques

AGLIETTA M. [2012], *Zone euro : éclatement ou fédération*, Michalon, Paris.

AGLIETTA M., CARTON B. et SZCZERBOWICZ U. [2012], « La BCE au chevet de la liquidité bancaire », *La Lettre du CEPII*, n° 321, mai.

BANQUE DE FRANCE [2012], « Dette publique, politique monétaire et stabilité financière », *Revue de la stabilité financière*, n° 16, avril.

BANQUE DES RÈGLEMENTS INTERNATIONAUX [2012], « Sortir, sans plus tarder, des cercles vicieux », *Rapport annuel*, n° 82, juin.

BARA Y. E. et BÉNASSY-QUÉRÉ A. [2012], « Sortie de la Grèce : quel coût pour la zone euro ? », *Le Blog du CEPII*, <http://blog.cepii.fr>, juin.

BARA Y. E. et PITON S. [2012], « Peut-on dévaluer sans dévaluer ? », *La Lettre du CEPII*, n° 324, août.

BÉNASSY-QUÉRÉ A. [2012], « Pour une approche progressiste de la mutualisation des dettes souveraines en Europe », *Le Blog du CEPII*, <http://blog.cepii.fr>, juin.

BRENDER A., GAGNA E. et PISANI F. [2012], *La Crise des dettes souveraines*, La Découverte, « Repères », Paris.

COEURÉ B. [2012], « Risk sharing in EMU : before, during and after the crisis », discours à la conférence inaugurale « European crisis : historical parallels and economic lessons », Julis-Rabinowitz Center for Public Policy and Finance, Princeton University, Princeton, 20 avril.

LEMOINE F. [2012], « La Chine en panne de moteur », *Le Blog du CEPII*, <http://blog.cepii.fr>, juin.

MERLER S. et PISANI-FERRY J. [2012], « Sudden stops in the euro area », *Bruegel Policy Contribution*, n° 2012/06, mars.

PISANI-FERRY J. [2011], *Le Réveil des démons. La crise de l'euro et comment nous en sortir*, Fayard, Paris.

II / L'économie américaine à la veille de l'élection présidentielle et les enjeux de la campagne

*Christophe Destais**

La victoire de Barack Obama aux élections de 2008 s'est produite au moment même où la crise financière de 2007-2008 connaissait son paroxysme. Il est très probable que cette situation ait joué un rôle important dans le résultat des élections, au-delà du mécontentement de l'opinion publique à l'égard de l'aventure irakienne de George W. Bush. Deux ans plus tard, fin 2010, le parti démocrate et, avec lui, le Président ont essuyé une défaite aux élections au Congrès. Les électeurs américains ont exprimé leur impatience devant le rythme jugé trop lent de la reprise américaine et, paradoxalement, leur mécontentement à l'égard de l'ampleur du soutien public à la croissance. À la mi-2012, la situation de l'économie américaine apparaît précaire et incertaine mais, sauf sur la fiscalité, les positions des candidats dans les débats sur la politique économique sont moins tranchées qu'il y a deux ans.

La croissance ralentit

La période de récession de l'économie américaine provoquée par la crise financière de 2007-2008 (désignée aux États-Unis sous le vocable de « Grande Récession ») a commencé au quatrième trimestre 2007 et s'est achevée au deuxième trimestre 2009. La

* Christophe Destais est directeur adjoint au CEPII.

durée de cette contraction aura donc été de 18 mois, ce qui en fait la plus longue depuis la crise des années 1930, qui avait duré 43 mois. Le PIB américain a régressé de 5 %, soit le niveau qu'il avait à la fin 2005, et il n'a retrouvé son niveau de la fin 2007 qu'au troisième trimestre 2011. Au début des années 1930, la contraction de l'économie avait été de près de 30 %.

Depuis le début de la reprise, la croissance de l'économie américaine a été en moyenne de 2,2 %. Ce niveau est voisin du taux de croissance potentiel (non inflationniste), mais le rattrapage de la perte de croissance liée à la crise n'a pas eu lieu (graphique 1).

Graphique 1. **PIB potentiel et réel des États-Unis**
(base 100 = janvier 1990)

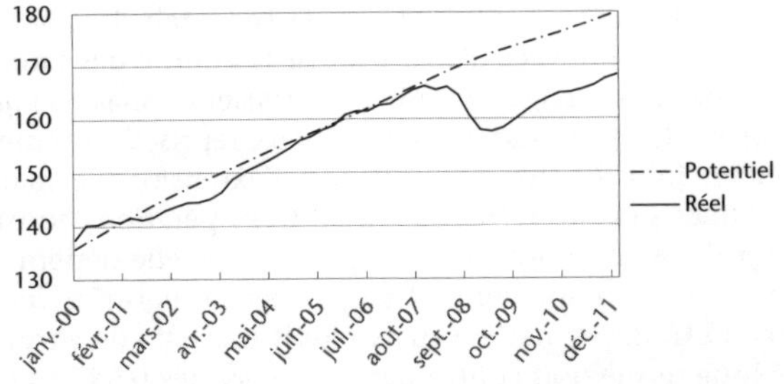

Source: Bureau of Economic Analysis (PIB réel) et Congressionnal Budget Office (PIB potentiel). Calculs de l'auteur.

Dans un premier temps, au second semestre 2009 et en 2010, la croissance a été relativement forte (3,1 % en moyenne en rythme annualisé). Depuis le début de 2011, la croissance est moins forte et plus volatile. À la mi-2012, le PIB réel américain n'était supérieur que de 1,7 % au niveau qu'il avait atteint fin 2007, soit plus de 6 % inférieur à ce qu'il aurait été s'il avait poursuivi la tendance antérieure.

Confrontées en 2008-2009 à une crise sans précédent, les autorités budgétaires et monétaires américaines avaient estimé que la croissance était une nécessité absolue pour éviter la mise en place d'enchaînements dépressifs. De fait, bien que difficile à mesurer scientifiquement, le rôle joué par les politiques économiques contracycliques dans la première phase de la reprise a été décisif. Depuis le début de 2011, les mesures de soutien à la croissance sont plus mesurées et il est plus difficile d'en apprécier l'effet.

La politique monétaire

Sur le plan monétaire, la Réserve fédérale (Fed) avait dans un premier temps abaissé à zéro son taux d'intervention et accentué sa stratégie de *credit easing* qui consistait à se substituer aux segments des marchés de capitaux défaillants et à donner l'accès au refinancement de la banque centrale à des intermédiaires financiers non bancaires. Cette politique avait rapidement été complétée puis remplacée par des achats très importants de bons du Trésor et de titres de la dette hypothécaire conduisant à un fort accroissement de la taille du bilan de la banque centrale. Les deux phases de cette politique d'assouplissement quantitatif (QE1 en décembre 2008 et QE2 en novembre 2010) ont porté la base monétaire de 820 à 2 600 milliards de dollars. Son but, tel que décrit par les responsables de la Fed, était de peser sur le niveau des taux longs et d'aplatir ainsi la courbe des taux d'intérêt. À défaut de s'engager dans une troisième phase de *quantitative easing* (QE3), la Fed a décidé à deux reprises en septembre 2011 et en juin 2012 des opérations d'extension de maturité, plus connues sous les termes de *twist*. Ces opérations consistent à acheter de la dette nouvelle lorsque celle qu'elle détient arrive à son échéance en augmentant au passage la maturité des titres détenus. Ce flux permanent mais réduit d'achats de titres de la dette à long terme doit contribuer à peser sur les taux longs. À la mi-2012, le manque de dynamisme de l'emploi (*cf.* ci-dessous), la faiblesse de la croissance et la faiblesse des marges de manœuvre des autorités budgétaires laissent penser qu'une nouvelle phase de *quantitative easing* (QE3) n'est pas exclue. Dans le discours des responsables de la Fed, le but des opérations de *quantitative easing* n'est pas d'apporter de nouvelles liquidités au système bancaire qui en regorge mais, alors que les taux courts sont voisins de zéro, d'agir sur l'ensemble de la courbe des taux en faisant baisser les taux de moyen et long terme et, de ce fait, augmenter le prix des actifs financiers, pour induire une demande supplémentaire, en raison de l'importance des effets de richesse aux États-Unis.

La politique de *quantitative easing* de la Fed est très critiquée. Le principal reproche qu'on lui adresse est que la forte croissance de la base monétaire risque d'être à l'origine d'une inflation, voire d'une hyperinflation difficiles à maîtriser. À ce jour, ce risque ne s'est pas matérialisé et la Fed fait valoir qu'elle dispose des instruments adéquats pour stériliser l'impact de la base monétaire sur l'économie en cas de risque inflationniste, notamment en rémunérant les dépôts des banques à la banque centrale pour inciter les banques à conserver la liquidité plutôt que de la prêter. En outre, pour certains pays émergents comme le Brésil, cette politique serait à l'origine d'entrées de capitaux spéculatifs supplémentaires (thème de la guerre des monnaies).

La politique budgétaire

Adopté en janvier 2009 et composé d'un ensemble de mesures de réduction des prélèvements (en particulier sociaux) et d'augmentation des dépenses (notamment, sous forme de subventions fédérales à l'indemnisation du chômage par les États fédérés), le premier plan de soutien budgétaire à la demande a été étendu ou prorogé jusque fin 2010. Après la perte de la Chambre des représentants par les démocrates, lors des *mid-term elections* de novembre 2010, les décisions budgétaires ont été encore plus difficiles à prendre qu'elles n'avaient pu l'être les deux années précédentes. Elles ont connu un épisode psychodramatique, à l'été 2011, lorsque le Président ne fut autorisé à augmenter le plafond de la dette qu'*in extremis*.

Au total, avec l'effet conjugué des diverses mesures prises tant sur les recettes que sur les dépenses et des stabilisateurs automatiques, le déficit budgétaire a atteint 10 % du PIB en 2009 (soit 1 400 milliards de dollars), pour baisser à 8,8 % en 2010, 8,3 % en 2011 et 7,6 % prévus en 2012. Depuis le début de la crise, les recettes de l'État fédéral sont restées à peu près stables à 15 % du PIB (autour de 17 % avant la crise). La réduction du déficit depuis 2009 a donc principalement été assurée par la baisse des dépenses. La dette fédérale totale est passée de 65 % du PIB en 2007 à 105 % estimés à la fin 2012 (graphique 2).

Toutefois, l'impact sur l'économie de cet activisme budgétaire fédéral a été atténué par la quasi-stabilité en termes nominaux des dépenses et des recettes des entités subfédérales depuis 2008. La plupart d'entre elles sont tenues de voter des budgets en équilibre et leur accès à l'emprunt est restreint. Du début 2009 au début 2012, leur contribution moyenne à la croissance a été négative (– 0,22 %).

Dans l'esprit des démocrates américains, l'augmentation du déficit fédéral vise à substituer la demande publique à une demande privée rendue atone en raison du désendettement des

Graphique 2. **Dette fédérale des États-Unis par catégories de détenteurs** (en % du PIB)

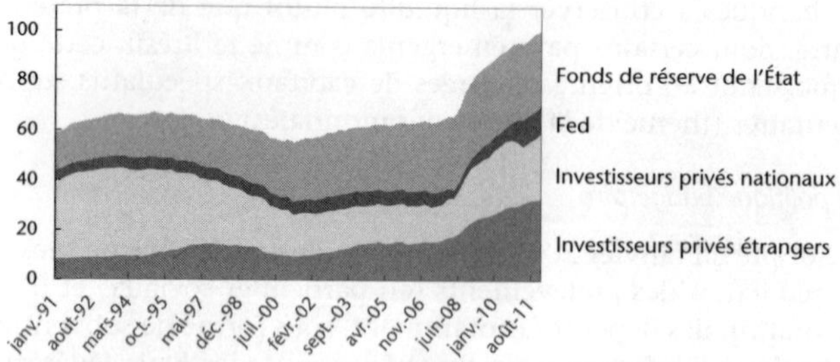

Source: Office of Management and Budget.

ménages (graphique 3), ces derniers ayant consacré au désendettement une partie de l'épargne supplémentaire qu'ils ont générée après la crise. L'objectif de la politique budgétaire est donc d'enrayer une spirale potentiellement dépressive plutôt que de stimuler l'économie et accélérer la croissance. C'est pourquoi la question de l'effet multiplicateur de cette dépense est relativement secondaire. Les études réalisées pour tenter de mesurer cet effet multiplicateur n'apportent pas, au demeurant, un éclairage définitif à ce sujet mais elles laissent penser que, si cet effet multiplicateur existe, il est très limité.

Les thèmes de la campagne

Il n'est pas usuel que les candidats à la présidence ou au Congrès proposent aux électeurs un programme économique d'ensemble, notamment parce que cela pourrait empêcher un rassemblement d'intérêts divergents sur leur nom, en vue de leur (ré)élection. Toutefois, comme cela avait déjà été bien perçu par Bill Clinton en 1992, la situation économique joue un rôle important dans le choix du Président par les électeurs. Les débats évoquent principalement cinq grands thèmes : le budget, l'emploi et la réindustrialisation, les inégalités et la finance.

Taxer plus ou dépenser moins ?

Le débat budgétaire lors des *mid-term elections* de novembre 2010 avait été dominé par les positions radicales et virulentes, hostiles à la dépense publique, qu'incarnait le Tea Party. Le débat

Graphique 3. **Dette des agents non financiers aux États-Unis**
(en % du PIB)

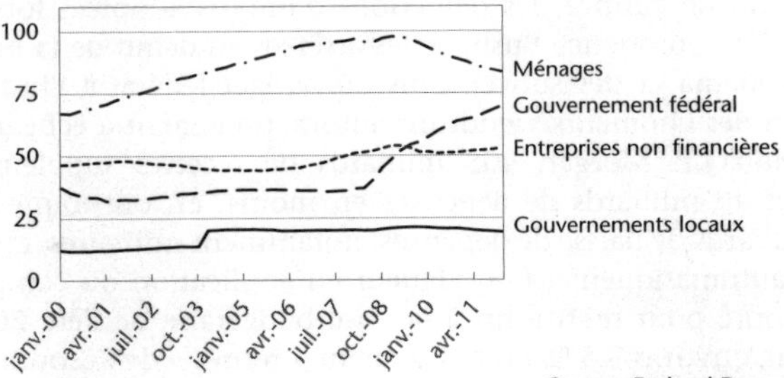

Source: Federal Reserve Board.

engagé en vue de l'élection présidentielle de 2012 est plus classique et traite de thèmes voisins de ceux que l'on a connus depuis une quinzaine d'années.

En matière de recettes, les républicains défendent la prorogation, à leur échéance fin 2012, des baisses d'impôts que le Président Bush avait fait adopter lors de son premier mandat, qui profitent essentiellement aux ménages les plus aisés. Des mesures fiscales incluses dans les plans de relance de 2009-2010 viennent également à échéance en même temps que les baisses d'impôts de George W. Bush. L'idée des républicains est que l'impôt fédéral sur les hauts revenus est confiscatoire et antiéconomique. Barack Obama estime que ces réductions d'impôts ne doivent être maintenues que pour les ménages qui gagnent moins de 250 000 dollars américains.

Le débat sur les dépenses est encore plus ancien. Son principal objet est l'aménagement des programmes sociaux directement pris en charge par le budget fédéral (*entitlements*) : la retraite par répartition (*Social security*), la couverture maladie des personnes âgées (*Medicare*) et l'assurance médicale des personnes pauvres ou handicapées (*Medicaid*). Ces programmes représentent 47 % des dépenses hors intérêts de l'État fédéral et 10,4 % du PIB. Comme les programmes similaires ailleurs, ils sont menacés par la dynamique démographique et, plus qu'ailleurs, par la difficulté que les États-Unis ont à maîtriser l'augmentation de leurs dépenses de santé qui représentaient 17,6 % du PIB en 2010, soit de très loin le niveau le plus élevé des pays de l'OCDE (les Pays-Bas viennent en deuxième à 12 %, la Suisse et la France viennent ensuite).

Depuis mai 2012, le débat budgétaire s'est en outre focalisé autour de la notion de « falaise budgétaire ». Si rien n'est décidé d'ici la fin de l'année, les réductions d'impôts adoptées lors de la première présidence Bush, celles arrêtées au début de la présidence Obama et des subventions du budget fédéral à l'indemnisation des chômeurs viendront automatiquement à échéance, soit selon J.P. Morgan 405 milliards de recettes supplémentaires et 40 milliards de dépenses en moins. En outre, près de 100 milliards de baisse de dépenses, notamment militaires, entreraient automatiquement en vigueur en application du compromis adopté pour mettre fin à la crise budgétaire de l'été 2011. Au total, environ 3,5 % du PIB seraient « retirés » de l'économie, entraînant une contraction de cette dernière de 1,3 % au premier semestre 2013, selon le Congressionnal Budget Office (CBO).

Toutefois, le CBO insiste également sur le fait que seule l'application effective des règles en vigueur est susceptible de permettre à l'État fédéral de dégager un excédent primaire et, si les taux restent bas, de faire diminuer la dette. Si, au contraire, les politiques actuelles sont maintenues la dette de l'État fédéral pourrait dépasser 200 % du PIB à l'horizon 2037.

Le retour au plein emploi : une illusion ?

Outre sa longue durée, la récession de 2008-2009 a été remarquable par son exceptionnelle incidence sur l'emploi. Entre décembre 2007 et janvier 2010, l'emploi non agricole a baissé de 8,8 millions (– 6,4 %) soit davantage – en termes relatifs et absolus – que lors de chacune des récessions qui se sont produites après la Seconde Guerre mondiale.

Depuis le début de 2010, la reprise de l'emploi est très lente. En deux ans et demi, le total des emplois non agricoles n'a augmenté que de 3,1 millions (+ 3,0 %) et son niveau était inférieur en juin 2012 de près de 3,6 % à ce qu'il était à la fin 2007 (alors que le niveau du PIB était supérieur).

Cette lenteur de l'ajustement de l'emploi à la croissance est apparue avec la récession de 2001 (graphique 4), mais la diminution de l'emploi n'avait alors été que de 2 % et le niveau initial d'emploi avait été retrouvé au bout de 19 mois.

Les explications de ce phénomène restent incertaines. Comme pour les inégalités (*cf.* ci-dessous), le rôle croissant joué par les technologies dans les processus de production et la concurrence des pays à bas coûts de main-d'œuvre sont mis en avant. Le développement technologique et la mondialisation contribueraient à une polarisation géographique de la production qui serait défavorable à l'emploi. Il est très probable que ces facteurs jouent un rôle mais leur contribution n'est pas quantifiée de manière irréfutable tandis que d'autres dynamiques peuvent être à l'œuvre.

Malgré l'ampleur de la récession, le taux de chômage est resté inférieur au pic de 10,2 % qu'il avait connu au début des années 1980. Le pic maximum, atteint à la fin de 2009, n'a cette fois-ci pas dépassé 10 % (graphique 5). En deux ans, il a baissé de 1,7 à 1,8 point mais il stagne depuis le début de l'année 2012 autour de 8,1 %-8,3 %, soit un niveau très élevé aux standards américains. Cette baisse a été obtenue pour une part grâce à une diminution supérieure à 1 % du taux de participation, qui est désormais inférieur à 64 %, alors qu'il avait dépassé 67 % à la fin des années 1990, et à une forte augmentation de l'emploi à temps partiel non choisi.

L'augmentation du chômage s'est logiquement accompagnée d'un allongement de sa durée, phénomène également nouveau aux États-Unis. Au début de 2010, plus de 4 % de la population active américaine était au chômage depuis plus de 6 mois et ce pourcentage n'a que modérément régressé (3,5 % à la mi-2012).

Graphique 4. **Croissance et emploi aux États-Unis**
(base 100 = 01/01/1990)

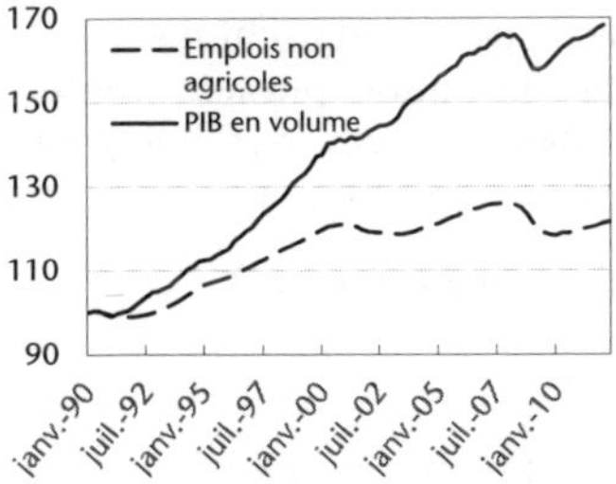

Source: Bureau of Labor Statistics, Bureau of Economic Analysis.

Graphique 5. **Taux de chômage mensuel (CVS)**
(chômeurs en % de la population active civile)

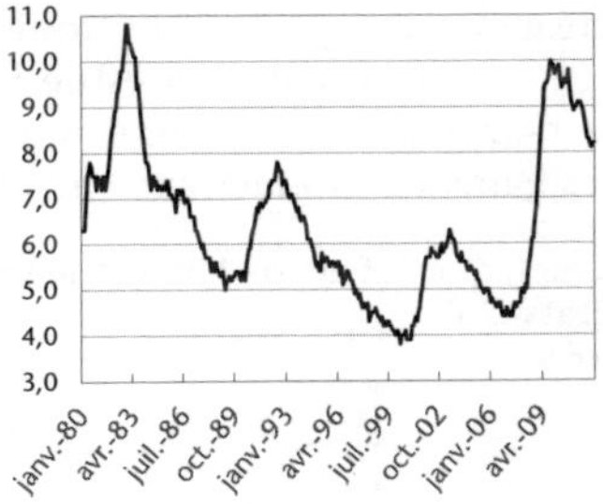

Source: Bureau of Labor Statistics.

La réindustrialisation

Comme en France, la désindustrialisation de l'économie est une préoccupation centrale des autorités américaines et l'idée d'un renouveau de ce secteur fait l'objet d'un consensus politique.

L'industrie manufacturière américaine a perdu 32 % de ses emplois entre 1998 et 2009 et sa valeur ajoutée est passée de 16 % à 11 % du PIB pendant la même période. L'idée selon laquelle l'industrie (*manufacturing*) serait remplacée par les services, un temps à la mode, semble avoir vécu même si, comme le soulignent les auteurs d'un récent rapport de la New America Foundation (NAF), dans le même temps, les transformations qui affectent l'industrie érodent les frontières entre le secteur manufacturier et les services.

Aujourd'hui, l'industrie apparaît comme la clé du redressement du commerce extérieur et les effets induits sur le reste de l'économie de son développement seraient très supérieurs à ceux des services. Le rapport de la NAF mentionne deux estimations de ces effets : celle du Bureau of Economic Analysis (BEA, service du Department of Commerce), selon laquelle pour chaque dollar de demande finale de produits manufacturés, 55 cents proviennent du secteur manufacturier et 45 cents des autres secteurs de l'économie ; et celle du Manufacturing Institute (lié à une organisation professionnelle), pour qui la production manufacturière induirait 7 millions d'emplois dans les autres secteurs.

Depuis 2010, des signes d'une reprise sont perceptibles. En 2010-2011, l'industrie américaine a connu sa période de plus forte croissance en emplois depuis la fin des années 1990 (+ 241 000 emplois au total). Sa part dans le PIB a retrouvé en 2011, son niveau de 2007 (graphique 6). Cette croissance est toutefois due à un nombre limité de sous-secteurs, à forte intensité capitalistique et donc peu créateurs d'emplois : l'électronique, le pétrole et la chimie.

Ce renouveau de l'industrie américaine aurait plusieurs causes : la hausse des salaires en Chine et dans d'autres pays émergents, les gains de productivité dans l'industrie et l'impulsion donnée

Graphique 6. **Part de l'industrie manufacturière dans le PIB des États-Unis**

(en %)

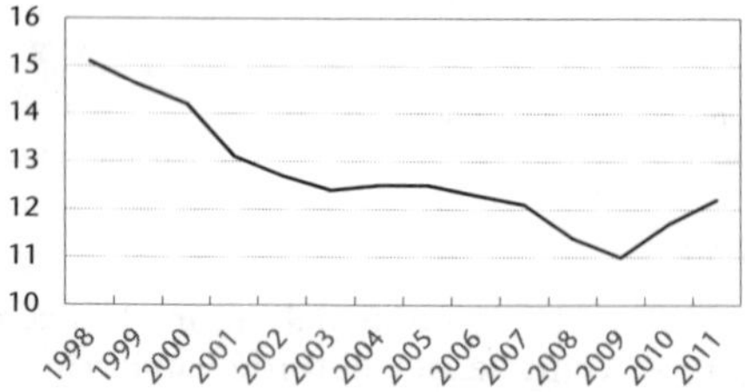

Source: Bureau of Economic Analysis.

par l'augmentation de la production de gaz de 24 % entre 2006 et 2011, liée à l'introduction des technologies de fracturation hydraulique (les « gaz de schiste »). Toutefois, les signes sont difficiles à interpréter. Il pourrait ne s'agir que d'un phénomène de rattrapage et non d'une réelle dynamique.

Les inégalités

Tous les indicateurs pointent le fait que les inégalités de revenus et de richesse aux États-Unis se sont accrues à partir de 1980. Les travaux de Thomas Piketty et Emmanuel Saez [2003, 2010] montrent par exemple que 1 % des ménages au haut de l'échelle des revenus ont vu ces derniers augmenter en termes réels de 58 % entre 1993 et 2010 alors que ceux des 99 % autres n'ont crû que de 6,4 %. La part des revenus des 10 % les plus élevés est passée de 33 % à la fin des années 1970 à 46 % en 2010. Les premiers calculs effectués sur la période de reprise 2009-2010 montrent que, loin de disparaître, cette tendance s'est encore accentuée (le « top 1 % » s'est approprié 93 % de l'augmentation des revenus sur cette période). Comme c'est généralement le cas, les inégalités de patrimoine amplifient les inégalités de revenus. Un travail réalisé sur des données de 1983 et 2007 (graphique 7) montre par exemple que le patrimoine des 1 % les plus riches a doublé en valeur constante durant cette période (passant de 9,1 à 18,5 millions de dollars) alors que celui des 40 % les plus pauvres a baissé (passant de 6 000 à 2 000 dollars). D'autres travaux [Kopczuk *et al.*, 2010]

Graphique 7. **La concentration de la richesse nette aux États-Unis, 1983-2007**
(par foyer, en milliers de dollars de 2007)

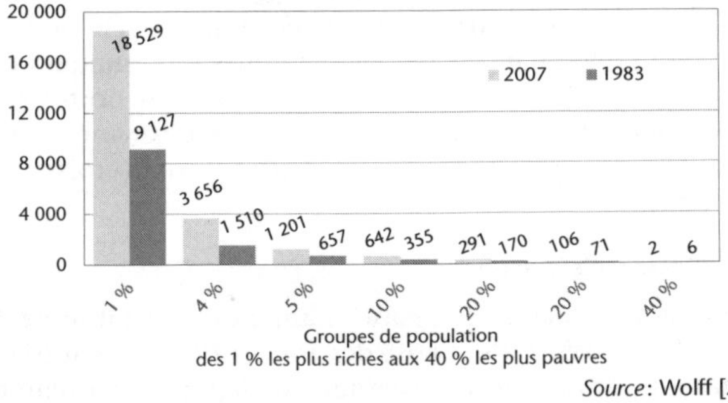

Source: Wolff [2010].

montrent que la mobilité dans l'échelle des revenus des hommes s'est ralentie depuis les années 1970, et celle des femmes n'a augmenté qu'en raison de l'augmentation de leur taux d'activité.

Les origines de l'augmentation des inégalités de revenus aux États-Unis sont très débattues. Alan Krueger [2012], actuel président du Council of Economic Advisers du Président Obama et lui-même économiste spécialisé dans les questions d'emploi, mentionne parmi les facteurs possibles : 1) l'importance croissante des technologies dans les processus de production qui favoriserait les plus éduqués ; 2) la concurrence des salariés des pays à bas coûts de main-d'œuvre ; 3) le recul de la syndicalisation ; 4) la baisse du niveau réel du salaire minimum ; 5) la réduction de la progressivité de l'impôt et 6) les très hauts salaires dans le secteur de la finance. Toutefois, l'impact de chacun de ces facteurs ne peut être mesuré avec précision, ce qui laisse place à la controverse.

Divisés sur ses origines, les économistes discutent également les conséquences de la montée des inégalités. Des économistes keynésiens font valoir que la moindre propension marginale à consommer des plus riches (qui a notamment été documentée par les travaux de Dynan *et al.* [2004]) a pesé sur la demande agrégée, d'autant que la forte baisse des droits de succession adoptée au début de la décennie constituait une incitation à l'épargne pour les générations futures. Toutefois, cet effet n'a pas été quantifié. Raghuram Rajan [2010] a de son côté souligné que la montée des inégalités a joué un rôle important dans le déclenchement de la crise de 2008-2009. L'augmentation de la dette des ménages américains entre 2000 et 2007 (graphique 3) était, en effet, plus assise sur une augmentation de la richesse autoentretenue par la bulle immobilière que sur des augmentations de revenus. Enfin, Alan Krueger [2012] fait référence au modèle de Person et Tabelini [1994] dans lequel les politiques économiques mises en œuvre dans les sociétés où les inégalités sont fortes taxent l'investissement et les activités porteuses de croissance aux fins de redistribuer le revenu et, de ce fait, pèsent sur la croissance de long terme.

La solidité du secteur financier

L'implosion du système financier américain à l'automne 2008 a ravivé les souvenirs de la crise des années 1930 mais aussi ceux, plus récents, de la « décennie perdue » du Japon. Non exempte de tâtonnements, le plus remarquable restant la faillite de Lehman Brothers, la politique qui a été mise en œuvre s'est progressivement voulue globale aux fins d'éviter une nouvelle crise systémique. Elle comprend cinq volets. Les trois premiers concernent la gestion de la crise (extension du rôle de prêteur en dernier ressort de la Fed, participation du Trésor américain à la recapitalisation du secteur bancaire, prise en charge par le budget d'une partie des coûts de la crise immobilière), les deux autres la consolidation du secteur financier (test de la résilience du secteur financier et réforme de la régulation financière).

Les coûts directs de la gestion de la crise financière par la Fed et le Trésor sont désormais cernés et apparaissent relativement limités.

Pendant la crise, le rôle de prêteur en dernier ressort de la Fed s'est étendu bien au-delà des banques américaines régulées pour concerner presque tous les segments en détresse des marchés de capitaux. En mai 2012, la Fed portait encore à l'actif de son bilan 25 milliards de dollars de prêts accordés au titre de ces différentes facilités. Dans ses comptes de l'année 2011, elle estimait à moins de 4 milliards de dollars la perte maximale qu'elle pourrait réaliser sur ces engagements.

La Fed a également joué un rôle de prêteur en dernier ressort international au travers d'une politique de *swaps* avec de nombreuses banques centrales étrangères pour pallier les conséquences de la crise de liquidité en dollars des banques non américaines. Ces *swaps* font porter le risque de change au bénéficiaire et la Fed ne doit assumer que le risque de contrepartie. Elle avait 22 milliards d'engagements à ce titre en mai 2012.

Le Trésor américain a participé au sauvetage et à la recapitalisation du secteur financier en puisant dans un fonds d'intervention de 700 milliards de dollars, connu sous l'acronyme TARP (Troubled Asset Relief Program) qui lui a été attribué par le Congrès en octobre 2008. Ce fonds a également été utilisé pour financer le sauvetage de l'industrie automobile et des procédures de soutien à la restructuration des prêts hypothécaires. Selon un récent rapport du Congressional Budget Office (CBO), les opérations du TARP en direction du secteur financier devraient lui rapporter 3 milliards de dollars (25 milliards de gains pour les opérations hors AIG et 22 milliards de pertes pour AIG).

Mais l'État fédéral supporte par ailleurs des coûts importants liés à la crise immobilière. D'une part, il a assumé *de facto* les pertes très importantes des institutions financières spécialisées dans le financement de l'immobilier (principalement Freddie Mac et Fannie Mae) au travers d'un mécanisme de recapitalisation automatique de ces institutions dans lequel les autorités avaient investi 130 milliards de dollars en mars 2011. D'autre part, il a engagé de nombreuses initiatives, regroupées dans le cadre du programme *Making Home Affordable* visant à faciliter soit la mise en place de nouveaux financements hypothécaires, soit la restructuration de financements antérieurs. Enfin, le programme fédéral de garantie directe des prêts hypothécaires (Federal Housing Administration – FHA) a été fortement développé. Aucune estimation globale des coûts pour l'État fédéral de ces interventions n'est disponible mais il est très probable qu'ils dépasseront de très loin ceux engagés pour le sauvetage et la recapitalisation du secteur financier.

La résilience des établissements financiers systémiques américains a été testée à deux reprises par la Fed en mars 2009 et au début 2012. Le premier exercice avait joué un rôle important dans la mesure où le besoin de capitaux qu'il faisait apparaître était important (75 milliards de dollars) mais suffisamment faible pour pouvoir être couvert par la restructuration des bilans, les profits des banques et des financements de marché. Le second exercice (*Comprehensive Capital Analysis and Review*) s'est déroulé au début de 2012. Une seule banque (Ally Financial) ne parvenait pas à maintenir ses ratios réglementaires de capitalisation en cas de réalisation du scénario le plus défavorable défini par la Fed. Aucune banque n'a été contrainte d'augmenter son capital immédiatement. Quatre, dont Citigroup, ont dû soumettre un nouveau plan, plus conservateur, de rétrocession d'une partie de leur capital à leurs actionnaires sous forme de rachat d'actions ou de versement de dividendes. Selon la Fed, le *Tier 1 Common Capital* (la partie des fonds propres la plus susceptible d'absorber les pertes) des 19 plus grands groupes financiers a augmenté de 81 % entre 2009 et 2012. Si ces données apparaissent plutôt rassurantes, plusieurs scandales concernant le secteur financier américain ont été révélés au premier semestre 2012 qui laissent penser que les pratiques de ce dernier ne sont pas assainies : faillites suite à des opérations menées avec les fonds des clients (MF Global, Peregrine), pertes importantes et partiellement dissimulées (J.P. Morgan) et participation des banques américaines à la manipulation du Libor.

Le bilan de la profonde réforme de la régulation financière engagée en 2010 est beaucoup plus mitigé. Rompant avec la doxa qui prévalait depuis plus de vingt ans, selon laquelle la régulation du système financier est principalement assurée par la « discipline de marché », le *Dodd-Franck Act* de juillet 2010 tentait de remédier – parfois de manière assez confuse et désordonnée – aux nombreux dysfonctionnements constatés pendant la crise tant en matière de gestion des crises que de prévention. Déjà très long, ce texte prévoyait la rédaction par les agences en charge de la régulation et le Trésor de 398 textes d'application à la rédaction desquels a été consacré l'essentiel des deux années qui viennent de s'écouler. Selon un rapport rédigé par le cabinet spécialisé Davis Polk, au 2 juillet 2012, 30 % des textes prévus seulement ont été adoptés (alors que 55 % auraient dû l'être) et 36 % des textes n'ont pas encore été soumis aux procédures de concertation publique.

L'opinion qui prévaut est que les lobbies du secteur financier ont tiré parti de la multiplicité et de la technicité des textes d'application et du morcellement persistant des institutions de régulation financière pour réduire fortement la portée des dispositions initiales. En outre, le *Dodd-Franck Act* procédait lui-même plus de compromis politiques au moment de sa rédaction que d'une réponse cohérente et exhaustive à une analyse rigoureuse des dysfonctionnements antérieurs.

Conclusion

Le rôle institutionnel du Président des États-Unis en matière législative et budgétaire est limité. Il est fondé sur l'influence qu'il peut avoir dans un processus de négociation dans lequel il ne dispose que d'un seul pouvoir, le droit de veto sur les textes votés par le Congrès. Les membres du Congrès sont eux-mêmes très indisciplinés. C'est avec ces pouvoirs limités que la future administration devra gérer les grands défis économiques qui l'attendent : mise en œuvre d'une politique budgétaire de long terme qui rassure les créanciers sans que l'ajustement ne pèse trop sur une conjoncture fragile, rendre l'économie américaine plus riche en emplois mais aussi – certainement – mettre en place les filets de sécurité qui lui permettent de vivre avec un volet plus importants de chômeurs, contribuer à la stabilisation, voire au redressement des comptes extérieurs et à la réindustrialisation du pays, enfin, assainir vraiment les pratiques du secteur financier.

Références bibliographiques

BOARD OF GOVERNORS OF THE FEDERAL RESERVE [2012], *System Comprehensive Capital Analysis and Review 2012 : Methodology and Results for Stress Scenario Projections*, mars.

CONGRESSIONAL BUDGET OFFICE [2011], *The Budgetary Cost of Fannie Mae and Freddie Mac and Options for the Future Federal Role in the Secondary Mortgage Market*, juillet.

— [2012], *Report on the Troubled Asset Relief Program*, mars.

— [2012], *The 2012 Long-Term Budget Outlook*, juin.

CONGRESSIONAL RESEARCH SERVICE [2010], *Rulemaking Requirements and Authorities in the Dodd-Frank Wall Street Reform and Consumer Protection Act*, novembre.

DAVIS POLK REGULATORY TRACKER™ [2012], *Dodd-Frank Progress Report*, juillet.

DYNAN K. E., SKINNER J. et ZELDES S. P. [2004], « Do the rich save more ? », *Journal of Political Economy*, vol. 12, n° 2, p. 397-444.

FEDERAL RESERVE SYSTEM [2012], *Monthly Report on Credit and Liquidity Programs and the Balance Sheet*, juin.

KOPCZUK W., SAEZ E. et SONG J. [2010], « Earnings inequality and mobility in the United States : evidence from Social Security data since 1937 », *Quarterly Journal of Economics*, vol. 125, n° 1, p. 91-128.

KRUEGER A. B. [2012], *The Rise and Consequences of Inequality in the United States, Remarks delivered to the Center for American Progress*, Washington, 12 janvier.

OCDE [2012], *Health Data 2012, How Does the United States Compare ?*

LIND M. et FREEDMAN J. [2012], *Value Added : America's Manufacturing Future*, New America Foundation, avril.

PERSSON T. et TABELLINI G. [1994], « Is inequality harmful for growth ? », *American Economic Review*, vol. 84, n° 3, juin, p. 600-621.

PIKETTY T. et SAEZ E. [2003], « Income inequality in the United States, 1913-1998 », *Quarterly Journal of Economics*, vol. 118, n° 1, p. 1-39.

— [2010], Data update to « Income inequality in the United States, 1913-1998 », <http://elsa.berkeley.edu/~saez/TabFig2008.xls>.

RAJAN R. G. [2010], *Fault Lines : How Hidden Fractures Still Threaten the World Economy*, Princeton University Press, Princeton, reprint edition.

THE BOSTON GLOBE [2012], « Two years later, Dodd-Frank law is largely stalled », juillet.

THE MANUFACTURING INSTITUTE [2009], *The Facts About Modern Manufacturing*, 8e édition.

WOLFF E. N. [2010], *Recent Trends in Household Wealth in the United States : Rising Debt and the Middle-Class Squeeze - an Update to 2007*, Levy Economics Institute of Bard College, Annandale-on-Hudson, mars.

III / Chine : horizon 2030

*Michel Aglietta**

Tout régime de croissance sécrète conjointement des progrès et des contradictions. En Chine, ces dernières se sont manifestées fortement dans la seconde moitié des années 2000 et ont été amplifiées par la crise financière mondiale. Elles ont conduit le Parti communiste à réorienter le cours de la « réforme » qui doit transformer une économie entièrement planifiée en une économie socialiste de marché. Le 12e Plan quinquennal (2011-2015) est le coup d'envoi de la nouvelle phase. Les orientations stratégiques vers la construction d'une « société harmonieuse » y sont clairement indiquées. Ce chapitre, entièrement prospectif, adopte une démarche analytique fondée sur l'étude des textes ayant abouti au 12e Plan quinquennal, sur les rapports internationaux et sur les débats suscités en Chine par les incertitudes sur les voies et les rythmes de la réforme. Nous allons pointer les contradictions majeures issues de la phase précédente pour énoncer les nouvelles orientations et en montrer la cohérence. Puis nous soulignerons les profondes inflexions de la politique économique et l'ampleur des changements institutionnels nécessaires pour atteindre les finalités. Enfin, nous conclurons sur la mutation de la présence de la Chine dans le monde.

* Michel Aglietta est porfesseur à l'université de Paris-Ouest-Nanterre-La Défense, conseiller scientifique au CEPII et à Groupama Asset Management.

Les anomalies de la croissance intensive en capital fixe

Il est bien connu que la part de l'investissement dans le PIB est atypique en Chine. De 35 % en 2000, elle est montée à 42 % en 2007 pour culminer à 47,5 % en 2009 à cause du gigantesque plan de relance fondé sur les infrastructures. Mais, en soi, un taux d'investissement élevé pas plus qu'une forte croissance de l'investissement ne révèlent un excès global d'accumulation de capital au détriment de la consommation. Le stock de capital informe plus. Le capital par tête de la Chine en 2010 n'était que de 8 % de celui des États-Unis et de 17 % de celui de la Corée du Sud. Quant au ratio capital/PIB en 2010, il était de 2,4 %, niveau nullement anormal. En outre, la productivité globale des facteurs a augmenté à un rythme moyen de 3 % environ dans la période 2000-2008 ; ce qui est un rythme caractéristique d'une économie plutôt performante. La population de la Chine est encore à 50 % rurale et pendant les vingt années à venir 400 millions de personnes vont s'urbaniser ; un accroissement continu du capital par personne est nécessaire pour soutenir la hausse tendancielle de la productivité du travail et le revenu par tête.

Si donc l'hypothèse d'un excès global de capital comme cause des difficultés du régime de croissance chinois est dénuée de fondement, quels peuvent être les problèmes ? Les mêmes que dans la plupart des pays dits avancés : des distorsions dans le système des prix créant une mauvaise allocation du capital et une augmentation alarmante des inégalités sociales.

Les distorsions dans le système des prix

Dans la deuxième phase de la réforme démarrée en 1994, les prix planifiés ont disparu dans l'industrie manufacturière. La concurrence y est généralisée. En revanche, les prix des facteurs de production fonctionnent très mal. Des incitations perverses entraînent une mauvaise allocation du capital et des transferts massifs en faveur des entreprises publiques et des gouvernements locaux, au détriment des ménages. Tous les facteurs sont concernés par les distorsions de prix : travail, crédit, foncier, ressources naturelles et environnement.

Le marché du travail et le marché foncier sont fragmentés, non pas par excès mais par insuffisance de réglementation. La moitié de la main-d'œuvre n'a pas de contrat de travail. En dépit de la loi qui a uniformisé le droit du travail en 2007, ces travailleurs sont dépourvus de toute protection sociale car la décentralisation laisse aux gouvernements locaux la possibilité d'ignorer la loi. Le marché foncier, sous-réglementé, est devenu le principal moyen pour les gouvernements locaux de compenser l'insuffisance de leurs ressources fiscales. Les officiels locaux capturent les rentes en réquisitionnant les terres rurales collectives, en compensant maigrement les paysans à la valeur agricole des terres qu'ils revendent soit à très bas prix aux industriels pour attirer la TVA (ce qui est source de surcapacités de production), soit à des prix élevés aux promoteurs immobiliers dans les zones suburbaines.

À cause de l'administration des taux d'intérêt, le prix du crédit offert par les grandes banques est très bas au regard de la croissance du PIB nominal. Couplée à l'utilisation du foncier comme collatéral, cette pratique provoque un coût du capital trop faible et trop rigide ; des rentes considérables sont drainées par les entreprises intensives en capital qui ont directement accès au crédit des grandes banques. En revanche, les PME des industries intensives en travail manquent de moyens de financement externe à des coûts raisonnables. Les services sont ainsi sous-développés.

Quant aux ressources naturelles, ni leur rareté ni le coût d'opportunité de leur usage ne sont bien évalués : les services de l'environnement ne sont pas intégrés dans le système des prix.

Des contradictions créatrices d'opportunités de mouvement vers un nouveau régime de croissance

La décennie 2000 a été impressionnante par la persistance d'une croissance voisine de 10 % par an en moyenne, en dépit de deux graves crises externes : la crise asiatique dont les effets ont été ressentis en Chine jusqu'à 2002 et la crise financière occidentale dont l'effet a été récupéré bien plus rapidement. Les progrès dans la capacité de régulation macroéconomique ont permis à la Chine d'amortir les à-coups de l'accumulation bien mieux que lors de la première phase de la réforme (1978-1992). Cette croissance a profité à toutes les régions, grâce à l'effort massif d'investissement en infrastructures qui a unifié le marché intérieur et permis à toutes les régions de bénéficier de l'ouverture stimulée par l'entrée à l'OMC et par l'essor des investissements directs étrangers.

Mais l'abondance de l'offre de main-d'œuvre jeune venue des campagnes, couplée au système d'enregistrement des ménages (*hùkŏu*) qui prive ces travailleurs des droits sociaux des villes où ils immigrent, a permis aux entreprises de payer cette catégorie de travailleurs au minimum de subsistance. En outre, à la suite de leur réforme en 1993, les entreprises publiques ont perdu leur fonction sociale, sans que les gouvernements locaux y substituent une protection sociale décente dans les régions pauvres. Des disparités de revenus multiformes en ont résulté : au détriment des ménages et en faveur des entreprises et de l'État, entre les villes et les campagnes, entre une classe moyenne propriétaire de son logement et le reste de la population. Ainsi la part des ménages dans le revenu national net est-elle descendue de 69 % en 1997 à 58 % en 2007, la part de la consommation privée dans le revenu national de 47 % à 36 %. Comme la propension à consommer des résidents urbains est d'autant plus faible que leur revenu est élevé, il est impossible de relever la consommation et d'en faire le principal contributeur de la croissance si l'inégalité des revenus continue de s'accroître (graphique 1).

Graphique 1. **Propension à consommer et niveau de revenu des ménages urbains, 2009**

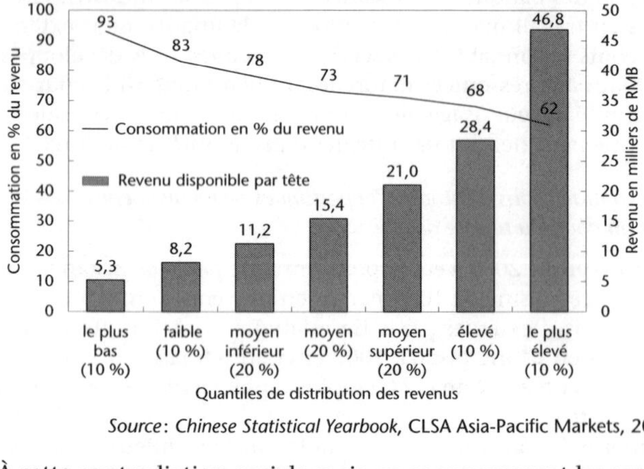

Source: *Chinese Statistical Yearbook*, CLSA Asia-Pacific Markets, 2010.

À cette contradiction sociale majeure se superposent les rendements marginaux décroissants d'un moteur de croissance privilégiant l'accumulation du capital fixe et négligeant le capital humain et le capital naturel. Cette croissance dévore l'énergie et les ressources naturelles, conduisant à une destruction de l'environnement. Par ailleurs, l'intensité énergétique trop élevée rend l'économie vulnérable à la volatilité des prix mondiaux du pétrole. Même si des progrès importants ont été faits pour réduire l'intensité énergétique et l'intensité carbone liée dans la production d'électricité et dans les industries grosses consommatrices d'énergie, l'urbanisation mal maîtrisée et la forte croissance de l'usage de l'automobile ont fait de la Chine le premier consommateur mondial d'énergie. C'est pourquoi la conservation de l'environnement dans la multiplicité de ses aspects implique une complémentarité de politiques au service de la croissance soutenable qui est le nouvel horizon du développement de la Chine affirmé dans le 12e Plan.

Les axes de la croissance soutenable

La finalité de la troisième phase de la réforme à l'horizon 2030 est d'aller vers la « société harmonieuse » en poursuivant trois objectifs intégrés [Banque mondiale, 2012, chapitre 2]. En premier lieu, un équilibre social au sens d'un équilibrage des contraires. Les politiques à mener doivent être inclusives et doivent incorporer un principe de justice selon la conception confucéenne du « sens de l'humain » (*rén*). Cela veut dire que les citoyens doivent avoir un intérêt commun dans les institutions du pays pour pouvoir les respecter, en sorte que les conflits sociaux soient résolus selon des normes mutuellement acceptées. En deuxième lieu, un équilibre avec la nature. L'empreinte écologique des activités économiques doit être compatible avec les capacités de reconstitution des ressources naturelles ; l'innovation technologique doit être orientée selon cet objectif. En troisième lieu, un équilibre politique mondial. La Chine doit activer le *soft power* en vue d'améliorer la gouvernance mondiale, dans le sens de la formation de régimes internationaux pour produire les biens publics globaux dont dépend la survie de la planète.

Les axes de la croissance soutenable articulent une urbanisation protégeant l'environnement, des innovations frugales à la frontière technologique, une société de services.

Des villes adaptées au changement climatique

Quatre cents millions de ruraux devraient s'urbaniser d'ici 2030. Deux cents villes nouvelles de un à cinq millions d'habitants devraient être créées à l'intérieur du pays et participer au développement de l'ouest. Une planification stratégique de cette taille offre l'opportunité de concevoir et de relier les villes écologiques du futur dans des espaces régionaux concertés. Un tel effort, jamais réalisé dans le monde, implique à la fois un gouvernement à stabilité politique et à vue longue, de puissantes institutions coordonnatrices et une mobilisation des initiatives citoyennes dans les sociétés civiles qui vont se constituer dans ces espaces urbains. Ce défi doit devenir le plus puissant moteur de la croissance des vingt prochaines années. Dans un rapport publié en mars 2011, le Mac Kinsey Global Institute a mis en évidence l'importance de l'essor des villes de taille moyenne pour la croissance du revenu par tête dans les pays en développement. Les forces d'agglomération suscitent des gains de productivité et une intense demande d'innovation. Mais les villes engendrent aussi des forces de dispersion dues à la hausse des prix fonciers, à la congestion des transports et à la pollution. Pour surmonter ces déséconomies d'échelle, la planification stratégique doit combiner la production d'infrastructures judicieuses, l'incitation à la création par le secteur privé d'emplois hautement qualifiés et la maîtrise de la pollution.

La planification à long terme est cruciale puisque les choix des planificateurs vont façonner la vie urbaine et les modes de consommation pendant de nombreuses décennies. Les dirigeants chinois voient l'urbanisation planifiée et les innovations environnementales comme les deux faces d'un régime de croissance susceptible de conduire à la société harmonieuse : l'organisation des villes doit découpler l'augmentation des revenus et la consommation énergétique des ménages. Le modèle est celui des villes compactes de taille limitée et construites en hauteur pour réduire l'emprise spatiale des bâtiments et contenir la hausse des prix fonciers. Au sein d'une même région, elles constituent un maillage relié par des transports ferroviaires à grande vitesse et à coûts modérés. À l'intérieur de la ville, les transports publics sont prépondérants et complétés par l'automobile électrique qui va devenir un support majeur d'innovation industrielle. Toutefois les villes à haute densité peuvent créer des structures sociales très inégales. Pour combattre ces inégalités, un immense effort d'investissement est nécessaire dans les services publics de base – adduction d'eau, hygiène, services de santé, éducation primaire et secondaire de qualité – dont les villes compactes peuvent tirer le meilleur parti.

Esprit d'entreprise, innovations indigènes et frugales

Contrairement aux idées reçues, l'innovation n'est pas l'apanage des multinationales occidentales et de leurs nuées de soustraitants. Elle est essentiellement nourrie par le développement du mode de vie. Or le mode de vie occidental, fondé sur la destruction des équilibres écologiques par le gaspillage effréné des ressources naturelles et l'accroissement permanent de la pollution, est condamné à une révision déchirante. La Chine ne doit pas attendre les crises écologiques à venir pour s'en prémunir autant que possible et pour les gérer au mieux. Cela signifie qu'elle doit inventer des modes de produire et de consommer « postmodernes » pour éviter d'être bloquée dans ce qu'il est convenu d'appeler le piège du revenu moyen.

Les innovations frugales sont guidées par le souci principal de réduire la consommation de matières premières de manière radicale et de minimiser l'impact sur l'environnement. Elles prennent leurs sources dans les connaissances les plus avancées non seulement des sciences physiques, mais aussi des sciences de la vie et de la société, pour créer de nouveaux usages [Radjou *et al.*, 2012]. Ce sont des innovations qui vont transformer la frontière technologique pour permettre au cours des deux prochaines décennies à des populations énormes en nombre (3 milliards d'individus sur la planète au revenu monétaire annuel compris entre 3 000 et 5 000 dollars) d'entrer dans la classe moyenne mondiale et d'accéder à un mode de vie respectant l'environnement naturel. Les entreprises chinoises et indiennes sont en concurrence pour être les premières sur ces énormes marchés. Les multinationales occidentales devront s'adapter pour tenir leur rang dans la concurrence globale. Les technologies frugales qui seront adoptées dans les pays émergents avant de l'être dans les pays à revenu plus élevé sont appelées à faire évoluer la structure du commerce international : réduction de la polarisation entre pays avancés et pays en développement d'une part, intensification des échanges à l'intérieur du monde en développement d'autre part.

Vers une économie de services

Le développement des services s'accélère lorsque le revenu annuel moyen par tête atteint 3 000 dollars, c'est une observation en économie du développement. La Chine a atteint ce niveau de revenu moyen en 2010. Le secteur privé chinois (93 % des 43 millions d'entreprises en 2010) est un vivier extraordinaire d'entrepreneurs qui n'attendent que des services efficaces et du capital bon marché pour prospérer. Par ailleurs, l'urbanisation et le vieillissement de la population créent une demande pour une offre bien plus abondante de services sociaux. La société a besoin d'une large gamme de services dont la production mobilise un contenu élevé en capital humain (gestionnaires, chercheurs, éducateurs, professionnels de santé, architectes, juristes, artistes, designers...). Cela étoffe l'expansion de la classe moyenne qui exerce en retour une demande soutenue de protection sociale et d'éducation de qualité.

Cependant, les services constituent une nébuleuse d'activités qui étaient sous-développées en Chine à la fin de la deuxième phase de la réforme. On a vu plus haut que la raison principale se trouve dans la distorsion des prix des facteurs de production. Le coût d'usage trop bas du capital fixe a découragé les investissements en actifs intangibles, notamment la formation du capital humain. En 2007, le secteur secondaire produisait 49 % du PIB en absorbant 27 % de la force de travail, alors que le secteur tertiaire produisait 39 % du PIB en absorbant 32 % de la force de travail. Certes, la production des services est sous-évaluée en Chine à cause de l'importance de l'économie souterraine, mais ce n'est pas là que l'on va trouver les services supérieurs qui mobilisent le capital humain. Quant aux emplois recensés par le Bureau national de statistiques, la plupart se trouvent dans les services à la consommation et ont des rémunérations très faibles. Les services aux entreprises, les services de l'éducation et les services sociaux sont insuffisamment développés.

L'expansion des services qui a commencé avec le 12e Plan quinquennal peut être une force de transformation importante du régime de croissance. L'ampleur et le rythme de cette transformation dépendront de l'engagement politique du gouvernement central et des normes que la planification stratégique transmettra aux gouvernements locaux.

L'un des domaines où les gisements de productivité sont les plus élevés est la distribution des biens sur l'ensemble du territoire. Les coûts de transaction sont très élevés en Chine (*China Quarterly*, décembre 2009), les réduire abaisserait le prix des biens et les rendrait plus abordables aux revenus modestes. Or l'inefficience vient de la fragmentation du commerce de gros qui segmente territorialement le marché des biens de consommation. Cette inefficience est enkystée dans la mosaïque des réglementations provinciales qui bloquent les économies d'échelle et rendent le transport interprovincial très coûteux (760 000 entreprises de transport possèdent de 1 à 3 camions). Cette fragmentation du commerce résulte largement de la multiplicité et de l'incohérence des réglementations provinciales. Le manque de centralisation administrative est indirectement un puissant frein au développement de la consommation.

De même, le sous-développement des services qui dépendent de compétences élevées – éducation, santé, culture – vient d'une myriade d'obstacles administratifs. Ces services sont strictement contrôlés par les gouvernements locaux qui dressent des barrières insurmontables à l'entrée des entreprises privées. Les ministères de l'Éducation et de la Santé ont des intérêts financiers directs dans les écoles et dans les hôpitaux. Il en résulte notamment une insuffisance dramatique de médecins, bien qu'il y ait abondance d'étudiants en médecine ! Aussi le développement d'une médecine libérale et surtout l'encouragement à former des généralistes pour prodiguer les soins de base sont-ils les moyens les plus directs pour développer les services de la santé en ouvrant les professions médicales à la concurrence.

Dans tous ces domaines, il revient au Conseil des affaires d'État de donner à la Commission nationale de développement et de réforme (NDRC), en charge de la gestion macroéconomique et de la conception des politiques de développement, le pouvoir de briser la résistance des féodalités établies.

Les politiques économiques : transformation des marchés des facteurs de production et modèle social

La croissance soutenable implique que toutes les composantes du capital de la nation, y compris et surtout les actifs intangibles et les actifs naturels, soient correctement valorisées. Parce que les marchés de ces facteurs sont affectés d'externalités de toutes sortes, il ne suffit pas de les « libéraliser ». Le système de prix prenant en compte la combinaison de tous les types de capital, associé aux trajectoires de croissance que la planification juge optimales, doit guider la régulation des marchés et permettre d'aligner les comportements privés sur les objectifs de la croissance soutenable. Ces prix sont donc des références pour la NDRC dans ses efforts pour conduire les administrations responsables à modifier les prix administrés par des mesures fiscales (élimination progressive des subventions à l'usage des ressources rares), des réglementations (introduction d'un coût sur les émissions de carbone) et des marchés concurrentiels (droit d'usage garanti aux paysans sur les terres rurales et marché de transferts de ces droits). Nous allons évoquer les réformes des prix en cours et à promouvoir.

Marché du travail et régulation sociale

Le principal changement structurel d'une économie provient de l'offre de travail – c'est le point de bifurcation qu'Arthur Lewis [1954] a conceptualisé. Le régime de croissance est d'abord soutenu par une courbe d'offre de travail à élasticité infinie : le surplus de main-d'œuvre non qualifiée permet de fixer le prix du travail non qualifié au niveau minimal de subsistance, quelle que soit la demande de travail de l'industrie. La plus-value découlant des progrès de productivité est entièrement captée en profits et finance l'accumulation du capital. Mais, à partir du moment où le secteur rural ne fournit plus d'offre de travail en excès par rapport à la demande, la courbe d'offre de travail cesse d'être horizontale pour devenir croissante avec le salaire. Le salaire réel d'équilibre augmente avec les progrès de productivité et la rémunération du travail réagit aux tensions temporaires entre l'offre et la demande. En Chine, ce changement structurel s'est manifesté en 2010 par la diminution de la taille du groupe des jeunes migrants (15-24 ans). La concurrence des firmes a fait monter les salaires. Les conflits sociaux se sont durcis. Le gouvernement a accompagné les changements du marché en engageant une politique sur cinq ans de revalorisation massive du salaire minimum. La hausse subséquente des coûts de production provoque une adaptation des entreprises des zones industrialisées, partie en délocalisant leurs activités dans les régions intérieures à coûts plus bas, partie en recherchant des progrès de productivité par une montée en gamme. Il en résulte un appel au travail qualifié.

Les relations salariales sont donc en train de changer. La réforme du droit du travail de 2008 a instauré l'obligation du contrat de travail et l'arbitrage des litiges et a donné au gouvernement la responsabilité des services de l'emploi, de l'assurance-chômage et de la formation professionnelle. Les lois sur le travail fournissent désormais l'arsenal législatif permettant d'instaurer un pouvoir de négociation des salariés. Mais l'expérience occidentale montre qu'il a fallu des décennies de luttes souvent tragiques pour que la négociation collective devienne effective. Peut-il en aller autrement en Chine ? Dans les pays occidentaux de la fin du XIXe siècle et du début du XXe, le pouvoir politique était détenu par les représentants de majorités électorales favorables aux intérêts capitalistes dominants. En Chine, le pouvoir n'est pas le reflet des rapports de forces entre groupes sociaux à travers la procédure électorale.

La souveraineté politique est surplombante. Les clivages sont internes à l'État. De son côté, la société civile intervient par des réseaux sociaux qui englobent toute la vie locale, dans et hors des entreprises. Au niveau global, l'urgence de changer le régime de croissance peut et doit conduire à une recentralisation du pouvoir, affaiblissant les intérêts particuliers des dirigeants des entreprises publiques et des officiels locaux. Au niveau local, le dynamisme des réseaux de la société civile est capable d'influencer l'opinion publique dans tout le pays *via* la mobilisation à travers Internet. Une démocratie d'information est en train de se développer dont l'impact politique n'est pas négligeable.

Une combinaison originale d'imperium du parti sur les bureaucrates locaux et de démocratie réelle sur le terrain peut amener les bureaucrates à répondre aux demandes sociales. Sur les lieux de travail, cette mobilisation dans la société civile peut inciter les travailleurs à s'organiser par désignation de leurs délégués ou par prise de contrôle des sections locales des syndicats officiels. De cette manière, un apprentissage du dialogue social en entreprise pourrait prendre naissance sur le terrain de la négociation d'une sécurité des emplois contre des gains de productivité selon le mode asiatique de flexibilité interne aux entreprises différent de la conception anglo-saxonne de la flexibilité externe par le marché. Mais, contrairement au Japon, où ce processus était organisé au sommet de la gouvernance des entreprises, il se développerait dans les unités de production de base et serait transmis par les réseaux sociaux.

Compléter la réforme fiscale et réorganiser la gouvernance de l'État

Depuis 2009, des progrès ont été faits pour corriger les distorsions de prix : revalorisation du travail, régulations plus strictes sur les marchés fonciers, rapprochement des prix de l'énergie des niveaux mondiaux modulé pour amortir les fluctuations internationales. Les réglementations environnementales ont été durcies et la taxe carbone est en discussion. Mais ces décisions sont ignorées des gouvernements locaux dont l'objectif reste la croissance maximale. Les prix du crédit notamment n'ont pas été suffisamment relevés car la collusion des dirigeants des entreprises publiques et des bureaucrates aux niveaux intermédiaires de la hiérarchie administrative a formé un lobby très puissant, renforcé d'ailleurs par le plan de relance qui a élevé considérablement les niveaux des dettes des gouvernements locaux et des entreprises impliquées dans les investissements d'infrastructures.

Il revient à la planification stratégique de traduire le nouveau modèle de croissance en objectifs multiples et coordonnés qui modifient les incitations des bureaucrates et mettent en œuvre les principes d'une réforme d'envergure des prix. Corrélativement, les collectivités locales doivent être dotées de ressources fiscales stables (définies au sein de règles de partage fondées sur des données objectives et qui ne fassent pas l'objet de renégociations continuelles) et en adéquation avec leurs responsabilités dans la production des biens publics et dans la fourniture des services sociaux.

La réforme fiscale de 1994 a redonné la main au gouvernement central. Les entreprises qui étaient des services de l'État dans le domaine productif sont devenues des entités économiques autonomes et responsables de leur gestion. L'État, privé des profits des entreprises qui constituaient sa principale ressource, a dû établir un système fiscal alors qu'il ne disposait pas d'une administration capable de connaître les revenus et de contrôler la véracité des déclarations. C'est pourquoi il s'est engagé dans une fiscalité pesant sur les transactions : TVA dans l'industrie et taxe sur le chiffre d'affaires dans les services. Cette fiscalité pèse trop lourdement sur la consommation et transfère une part substantielle de la valeur produite aux entreprises publiques et aux gouvernements locaux qui récupèrent la TVA dans les régions les plus industrialisées. Ce système fiscal, qui a favorisé l'accumulation du capital fixe, n'est plus compatible avec les objectifs de la croissance soutenable.

Dans la réforme de 1994, le principe de taxer le revenu et la richesse personnels était inexistant. Depuis, les révisions ont été très modestes alors même que la hausse des prix immobiliers creusait les inégalités. L'imposition de l'immobilier, les droits de succession et de donation sont toujours ridiculement faibles. Accroître ces impôts, taxer équitablement les revenus du travail et les gains en capital et se doter d'un système efficace de collecte seraient l'un des moyens les plus puissants d'aller vers la société harmonieuse.

L'autre domaine de distorsions majeures est l'absence de prix ayant un lien économique avec la rareté intrinsèque et le coût d'usage des ressources naturelles et des services de l'environnement. Il faut élargir la base de l'imposition à tous les actifs naturels, y compris bien sûr au carbone émis qui détruit l'équilibre écologique. Pour compenser pleinement les pertes sur les écosystèmes dues au prélèvement de ressources, il faut aussi élever les taux d'impôts en fonction des normes environnementales incorporées dans la trajectoire de croissance planifiée.

Puisque le régime fiscal doit découler des objectifs de la transition de l'économie chinoise, il ne doit pas être débattu séparément, mais en relation étroite avec les dépenses budgétaires. Jusqu'ici une part trop faible de l'investissement a été financée par le budget. Dans la période 1994-2009, la part de l'État dans le financement total de l'investissement en actifs fixes de la nation a été de 4,5 %. L'autofinancement a couvert environ 70 % des besoins, le crédit 20 %, le reste étant comblé par l'investissement étranger. Cette part de l'État est très inférieure à celle observée dans les pays développés. C'est d'ailleurs pourquoi les banques ont été trop sollicitées et les collectivités locales se sont trop endettées.

Si l'État n'a pas été capable de financer les investissements publics, c'est que les coûts de l'administration ont explosé. Ils sont passés de 4,7 % des dépenses budgétaires totales en 1978 à 19,2 % en 2005 ! L'inefficacité de la gestion bureaucratique décentralisée est le principal problème de gouvernance [Aglietta et Bai, 2012, chapitre 7]. Pour réduire ces coûts, il faut redéfinir les compétences et les responsabilités des ministères et simplifier les strates beaucoup trop lourdes de la hiérarchie administrative. Réduire de manière drastique les coûts de l'administration libérerait d'énormes ressources budgétaires pour l'éducation, la santé publique, la culture et la R&D. En outre, la redéfinition d'un partage équitable des ressources fiscales pour inverser les inégalités dues à l'appauvrissement des niveaux les plus bas de gouvernement dans les régions pauvres pourrait devenir une priorité politique pour asseoir la légitimité du Parti État.

Réforme du foncier rural

C'est sur la question cruciale du foncier rural que le lien entre la réforme du système des prix et l'urbanisation est le plus fort. Pour que l'urbanisation devienne le principal moteur de l'enrichissement de l'ensemble de la population, il faut que les ruraux aient l'opportunité d'une mobilité ascendante lorsqu'ils s'urbanisent. Pour cela, il faut d'abord qu'ils puissent tirer une juste compensation lorsqu'ils quittent la terre qu'ils exploitent depuis des générations ; la condition première est une réforme de la propriété foncière. Il faut ensuite qu'ils puissent accéder à toutes les opportunités d'emploi et aux services sociaux dans les villes où ils s'établissent dans les mêmes conditions que les urbains déjà installés ; pour celá, il faut abolir le *hùkōu*.

Depuis 1978, les droits d'usage de la terre rurale (dont la propriété reste collective) ont été concédés aux fermiers qui l'exploitent mais qui ne peuvent ni vendre ni transférer ces droits, ni changer l'usage de la terre. Ce sont les gouvernements provinciaux qui ont le pouvoir de changer le statut des sols, de terre agricole en terrain à bâtir, et d'exproprier les exploitants sur la base de la valeur de la terre agricole et non pas à celle de son nouvel usage. La plus-value sur le transfert de l'usage des terres est si importante qu'elle a constitué le tiers des ressources fiscales de l'année 2010. Cette dépendance est extrêmement dangereuse puisqu'elle a conduit à la spéculation foncière et que le renversement des prix met les finances locales en péril.

Les fermiers doivent pouvoir disposer d'un droit à garantie légale absolue sur tous les usages possibles de la terre qu'ils exploitent, en sorte qu'ils bénéficient de la pleine valeur de leur terre. Il sera alors possible d'établir un marché libre pour l'échange de ces droits d'usage. Une expérience est en cours au Sichuan. Grâce à de tels marchés, les terres agricoles pourront se concentrer et permettre une exploitation plus efficace qui fera sensiblement progresser la productivité agricole. Ainsi la réforme foncière pourra-t-elle s'intégrer dans la planification urbaine et celle-ci dans une diversification territoriale des activités économiques, fondée sur les avantages comparatifs de régions liées par un réseau ferroviaire performant.

Réforme financière

À côté de la hausse du prix du travail, de l'instauration de prix des ressources naturelles reflétant leur rareté, des réformes fiscale et foncière, la réforme financière est un pilier majeur pour transformer le régime de croissance. Les distorsions sont importantes : coût du capital trop bas pour les grandes entreprises publiques, mais prohibitif pour les millions de PME ; rémunération trop faible des dépôts qui incite les ménages à acquérir des actifs spéculatifs dans l'immobilier et des parts de sociétés d'investissement non régulées ; poids trop élevé dans le financement de l'économie des grandes banques qui orientent l'épargne vers les grandes entreprises et favorisent l'accumulation intensive de capital dans les secteurs amont du système productif.

Il ne s'agit toutefois pas de « libérer la finance » au sens de ce qui s'est passé en Occident et qui a mené à la crise financière. Dans un pays où le capitalisme doit être le moyen de renforcer la puissance de l'État en améliorant le bien-être de la population, la régulation prudentielle de la finance doit demeurer très active. La Chine doit trouver sa voie dans le dilemme entre stabilité macro-économique et efficacité microéconomique.

Le système financier va conserver un socle bancaire prépondérant. Mais une restructuration est engagée pour renforcer les city banks par concentration et capitalisation, de manière à leur permettre de financer le secteur privé dans des conditions économiquement rentables. Il s'agit en même temps d'augmenter la concurrence sur les grandes banques par augmentation contrôlée de la présence des institutions financières étrangères *via* le marché *offshore* de Hong Kong (en ce sens l'internationalisation du yuan *offshore* a une raison domestique). Dans ces conditions, le gouvernement peut favoriser une hausse des taux d'intérêt sur les dépôts et sur les crédits, tout en réduisant sensiblement le coût du financement des entreprises privées qui n'avaient pas accès au financement bancaire jusqu'ici.

L'autre volet de la réforme consiste à développer les marchés obligataires pour le financement des gouvernements locaux et des entreprises. Cet élargissement de la gamme des produits financiers est aussi indispensable pour l'essor des investisseurs institutionnels (fonds de pension et assureurs), ouvrant ainsi la voie à l'épargne collective des ménages. L'expérimentation a commencé par permettre aux collectivités locales d'émettre des titres obligataires pour financer des projets d'investissement validés par la NDRC sous contrainte budgétaire stricte. Cette réforme présuppose l'éradication du système financier parallèle qui avait grossi dans le financement du plan de relance de 2009-2010 et qui a été la cause de prêts non performants actuellement en voie de rééchelonnement et de résorption.

Modèle social pour la Chine

Sur le socle des réformes fiscale, foncière et financière qui vont transformer le système des prix pour le mettre au service de la mutation du régime de croissance, le modèle social pour la Chine va devenir une question politique prépondérante. En effet, dans un pays où le politique domine l'économique, la croissance n'est pas une fin en soi. Jusqu'ici, la réforme a arraché des centaines de millions de Chinois à l'extrême pauvreté ; il s'agit maintenant de construire la « société harmonieuse ». Le capitalisme ne contient pas la cohésion sociale dans sa propre logique. Il revient au système politique d'élaborer les institutions collectives de solidarité. Il ne peut le faire que si le respect du bien commun est intégré dans les aspirations des citoyens. C'est la seule manière de contenir la tendance inhérente à l'accumulation du capital : la domination de ceux qui possèdent sur ceux qui ne possèdent pas. Dans l'Europe de l'après-Seconde Guerre mondiale, la démocratie sociale, fondée sur le capital humain et la redistribution, a été le produit d'idées politiques, celles de l'économie mixte qui a fait de la régulation de la croissance un régime partenarial. Mais, depuis une trentaine d'années, les valeurs de la démocratie sociale ont été érodées par la mondialisation financière. La Chine s'appuie sur une tout autre tradition, celle de l'enracinement des valeurs collectives dans l'héritage confucéen. Néanmoins, le capitalisme y a créé des coûts sociaux gigantesques qui se reflètent dans une protection sociale très inégale et très insuffisante.

Que peut être une protection sociale aux caractéristiques chinoises ? On ne peut ici qu'énoncer une conjecture à partir des décisions politiques déjà observées.

Le gouvernement chinois a opté pour une couverture universelle, garantissant les biens premiers à toute la population, en cohérence avec la tradition politique de l'ère impériale : le souverain est légitime s'il procure la sécurité et la couverture minimale des besoins sociaux à toute la population. Au-delà de ce socle de droits sociaux, le système chinois exerce peu d'effets redistributifs. Les avantages offerts aux employés d'État font même pencher vers un système dual. L'importance des bureaucrates dans la structure politique chinoise rend cette stratification difficile à surmonter. Mais il y a l'importance des réseaux sociaux informels fondés sur des liens semblables aux rapports familiaux et qui forment le filet de sécurité ultime de la société civile chinoise. Cependant, l'urbanisation affaiblit ces liens et appelle une compensation par des institutions formelles. Ces institutions sont actuellement entièrement publiques. Toutefois, une évolution vers la fourniture de soins privés dans le secteur de la santé est possible, l'État devenant en partie régulateur et superviseur.

On aboutirait ainsi à un système à trois niveaux conforme aux principes confucéens d'une société harmonieuse. Le premier niveau est celui des biens premiers garantis pour tous par la sécurité sociale minimale. Le deuxième niveau est celui de la production du capital social. La société chinoise est méritocratique depuis deux millénaires. L'éducation y est révérée comme un pilier de la résilience de l'ordre social. La mobilité verticale implique que les opportunités soient ouvertes et que l'investissement éducatif en garantisse l'égalité. Dans la mesure où les inégalités peuvent s'enkyster et remettre en cause la mobilité sociale, la redistribution est nécessaire. Il importe, en effet, que les riches ne puissent se constituer en groupe politique influent pour maintenir leurs privilèges. Le troisième niveau est celui de la société civile auto-organisée. Cette micro-organisation, composée d'un enchevêtrement de réseaux sociaux, est un ferment de démocratie réelle avec lequel le gouvernement doit apprendre à interagir au lieu de l'entraver.

La trajectoire de croissance et la place de la Chine dans le monde

Notre essai a cherché à identifier les traits majeurs du changement structurel qui dépend essentiellement de forces internes. De nombreux risques vont se présenter sur la route de 2030. C'est pourquoi la planification stratégique doit être contingente. Il va néanmoins en résulter une trajectoire macroéconomique de croissance qui peut apparaître comme la plus probable si les politiques économiques sont capables d'absorber les chocs. La Commission nationale de développement et de réforme (NDRC) a fourni récemment un tel scénario.

Un processus de ralentissement progressif de la croissance est programmé d'un plan quinquennal à l'autre pour deux raisons : la diminution de la force de travail et la baisse du taux d'investissement qui ralentit les progrès de productivité du travail (tableau I). Corrélativement, la part de l'industrie dans le PIB va se réduire et celle des services va continûment augmenter. Le redéploiement sectoriel et le ralentissement de l'accumulation sont favorables à la consommation : sa part va progresser jusqu'à atteindre en 2030 les niveaux qu'elle a dans les pays développés. Comme les services sont intensifs en travail, l'emploi dans ce secteur va rapidement progresser, tandis que l'urbanisation va faire beaucoup baisser l'emploi agricole.

La mutation de l'économie chinoise synthétisée dans ce tableau, nous l'avons étudiée en elle-même pour nous concentrer

Tableau I. **Schéma de croissance incorporant les réformes en l'absence de choc externe**

Indicateurs	**1995-2010**	**2011-2015**	**2016-2020**	**2021-2025**	**2026-2030**
Croissance annuelle moyenne en %					
PIB	9,9	8,6	7,0	5,9	5,0
Emploi	0,9	0,3	- 0,2	- 0,2	- 0,4
Productivité du travail	8,9	8,3	7,1	6,2	5,5
Agrégats en % du PIB (en fin de période)					
Investissement	46,4	42,0	38,0	36,0	34,0
Consommation	48,6	56,0	60,0	63,0	66,0
Valeur ajoutée industrie	46,9	43,8	41,0	38,0	34,6
Valeur ajoutée services	43,0	47,6	51,6	56,1	61,1
Part dans l'emploi total en %					
Emploi agricole	38,1	30,0	23,7	18,2	12,5
Emploi services	34,1	42,0	47,6	52,9	59,0

Source : NDRC.

sur les processus de la réforme qui sont largement autonomes. Mais la Chine va se trouver en 2030 dans un monde profondément bouleversé où elle va jouer un rôle prépondérant.

L'OCDE nous invite à abandonner la vieille dichotomie pays avancés/pays émergents pour distinguer pays opulents, pays convergents, pays précaires et pays pauvres [OCDE, 2010]. Les pays opulents d'Amérique du Nord, d'Europe occidentale et du Japon faisaient 57 % du PIB réel mondial en parité de pouvoir d'achat en 1990 et encore 47 % en 2010 [Mac Kinsey Global Institute, 2010]. Ce groupe n'en ferait plus que 29 % en 2030. Le basculement s'opère avec les pays convergents. Ce sont des pays à revenu bas ou intermédiaire en 1990 dont la croissance sur les vingt années suivantes a été deux fois plus forte que celle des pays opulents. Parmi ce groupe qui sera largement dominant en 2030, le surgissement de l'Asie convergente est irrésistible : 14 % du PIB mondial en PPA en 1990, 27 % en 2010 et 44 % projeté en 2030. Le basculement mondial vient de ce que la Chine et l'Inde sont entrées dans ce groupe.

L'affaiblissement économique relatif de l'Occident va étendre les marges de manœuvre du gouvernement chinois dans sa politique pragmatique pour retrouver le premier rang dans le monde qui était celui de l'Empire avant 1820. L'entrée dans l'OMC en 2001 a fait de la Chine une puissance commerciale qui, à la suite de la récente crise financière, a diversifié ses échanges extérieurs en accentuant son intégration asiatique et son déploiement vers l'Amérique latine et vers l'Afrique à la poursuite de la sécurité des approvisionnements en matières premières.

L'essor commercial est consolidé par la puissance financière chinoise. La recherche de la sécurité concerne aussi la protection contre l'instabilité financière. Cela conduit le gouvernement chinois à construire un modèle de globalisation financière alternatif à celui de Wall Street. C'est celui d'une finance administrée à partir de crédits bilatéraux à long terme pour construire des infrastructures et des capacités de production dans différents pays d'Amérique latine, d'Afrique subsaharienne, du bassin méditerranéen et du Moyen-Orient. Les fers de lance de ces financements à long terme sont la Chinese Development Bank (CDB) et la Chinese Exim Bank. Cette politique financière est complétée par une politique active d'aide aux pays pauvres qui est en concurrence avec celle de la Banque mondiale et des donateurs occidentaux.

Le redéploiement industriel interne vers l'innovation technologique a sa contrepartie dans la projection mondiale des entreprises chinoises compétitives. Assurées d'avoir le marché intérieur potentiellement le plus vaste du monde et donc de pouvoir influencer, voire déterminer les normes internationales du design et du marketing dans quelques années, les entreprises chinoises savent que c'est le moment de devenir des multinationales ; d'où le décollage spectaculaire des investissements directs à l'étranger depuis 2010. Par ailleurs, l'effort d'acquisition de la haute technologie passe par une multiplication d'accords avec les firmes occidentales. Il s'ensuit que les flux de capitaux internationaux vont se diversifier et s'intensifier ; ce qui va impliquer un changement d'attitude à l'égard des contrôles de capitaux. Pour réguler cette évolution, le gouvernement chinois a commencé à mettre en œuvre une politique d'internationalisation du yuan.

Cette internationalisation de la monnaie chinoise est encore modeste et ne progressera que lentement et prudemment, car il n'est pas dans les intentions du gouvernement chinois de promouvoir le yuan comme devise mondiale de règlement et de réserve. Elle n'en a pas moins une signification à long terme.

La demande étrangère pour les actifs en yuan à Hong Kong offre une opportunité aux institutions financières chinoises de se financer à bon marché et crée donc un lien entre le crédit intérieur et le crédit étranger en yuan. Parce que l'intermédiation des deux marchés reste l'apanage des grandes banques publiques chinoises, le gouvernement garde le contrôle des classes d'actifs sur lesquelles il trouve avantageux d'assouplir le contrôle des capitaux, étape par étape. Il s'ensuit que le contrôle des capitaux n'a peut-être plus d'influence sur le total des flux entrants ; mais il en module la structure en décourageant les flux volatils et en favorisant les flux utiles à long terme. Dans le sens des sorties de capitaux, le gouvernement encourage les entreprises à investir à l'étranger en bénéficiant de financements en yuan. L'étape suivante est d'inciter les investisseurs institutionnels, au-delà du fonds souverain, à diversifier leurs portefeuilles d'actifs. Jointes à une diminution de l'excédent courant aux environs de 2 % du PIB, les sorties de capitaux devraient permettre de stabiliser, voire d'inverser l'accumulation des réserves de change.

L'ensemble de ces évolutions donneront-elles à la Chine un intérêt à participer à une gouvernance monétaire et financière mondiale devenant ainsi plus symétrique ? Rien n'est moins sûr dans un avenir proche. Certes la philosophie chinoise du *soft power* est favorable à un système de règles mutuellement partagées au sein des instances monétaires internationales, comportant l'émission d'un actif de réserve ultime qui soit géré par le Conseil de surveillance du FMI. Encore faut-il que les instances internationales fassent leur *aggiornamento* pour s'adapter à l'état objectif de l'équilibre des puissances dans le monde. Le temps n'en est pas encore venu, comme l'ont bien montré les dernières nominations des directeurs du FMI et de la Banque mondiale.

Repères bibliographiques

AGLIETTA M. et BAI G. [2012], *Le Développement de la Chine : capitalisme et empire*, Odile Jacob, Paris.

BANQUE MONDIALE [2012], *China 2030 : Building a Modern, Harmonious and Creative High-Income Society*.

LEWIS A. [1954], *Economic Development with Unlimited Supplies of Labor*, Manchester School of Economic and Social Studies.

MAC KINSEY GLOBAL INSTITUTE [2010], « Farewell to cheap capital ? The implications of long-term shifts in global investment and saving », décembre.

— [2011], « Urban world : mapping the economic power of cities », mars.

OCDE [2010], « Shifting wealth », décembre.

RADJOU N., PRABHU J. et AJUHA S. [2012], *Jugaad Innovation*, Jossey-Bass, Wiley, New Delhi.

IV / Brésil : l'avenir est-il pour maintenant ?

*Cristina Terra**

Il y a trente ans, le Brésil était un autre pays. La crise de la dette de 1982 plongeait son économie dans une décennie de tourmente. Le manque de financement extérieur forçait un brutal rééquilibrage du compte courant (d'un déficit de 5 % du PIB en 1982 à l'équilibre en 1984). L'importante dépréciation du change qui permettait cet ajustement mettait à mal les finances d'un État lourdement endetté à l'extérieur et déclenchait un processus inflationniste.

Entre 1986 et 1994, cinq plans de stabilisation se succédèrent (Cruzado, Bresser, Summer, Collor I, II) avant que le sixième (Real) réussisse. Plusieurs de ces plans consistaient à geler les prix et le taux de change (le plan *Collor I* a gelé aussi les comptes bancaires : tous les dépôts supérieurs à l'équivalent de 1 200 dollars furent confisqués pendant dix-huit mois, avant d'être libérés en douze mensualités). La mise en œuvre de chaque plan conduisait à une forte baisse de l'inflation... avant que celle-ci ne reparte à la hausse jusqu'à dépasser un taux annuel de 2 000 % en 1993 (graphique 1). Aux années de forte croissance du PIB succédaient des années de récession. Le pays connaissait cinq monnaies différentes : cruzeiro jusqu'en 1986 ; cruzado, 1986-1989 ; cruzado novo, 1989-1990 ; cruzeiro (un nouveau), 1990-1994 ; enfin, depuis 1994, le real.

La scène politique n'était pas moins mouvementée. Après vingt et une années de dictature militaire, le pays retrouvait la

* Cristina Terra est professeur à l'université de Cergy-Pontoise et chercheur associé au CEPII.

Graphique 1. **Inflation mensuelle au Brésil**
(en %)

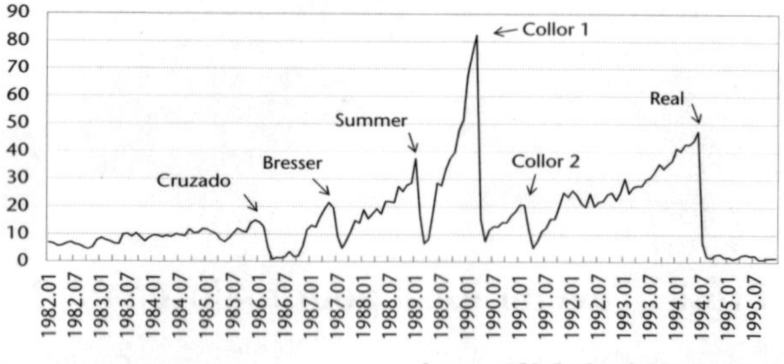

Source : IGP-DI,Fundação Getulio Vargas.

démocratie. En 1985, au terme d'une élection indirecte, Tancredo Neves fut le premier président civil élu depuis vingt ans ; décédé avant sa prise de fonction, il fut remplacé par son vice-président, José Sarney, au pouvoir jusqu'à la fin de son mandat en 1990. Son successeur, Fernando Collor de Mello, premier président élu au suffrage universel direct depuis 1961, fut accusé de corruption et dut démissionner en octobre 1992 ; le vice-président Itamar Franco le remplaça jusqu'à l'élection en 1995 de Fernando Henrique Cardoso. En dix ans (1985-1994), marqués par l'instabilité économique, une douzaine de ministres se succédèrent aux Finances.

La nouvelle Constitution ratifiée en 1988 renforçait les droits civils et les institutions politiques, mais elle introduisait sur le plan économique des innovations contestables. Certaines recettes publiques furent liées aux dépenses (rendant plus difficiles les ajustements budgétaires) ; la flexibilité du marché du travail fut réduite ; un plafond de 12 % fut fixé aux taux d'intérêt nominaux (amendé en 2003). Depuis lors, soixante-sept modifications ont été apportées à cette Constitution.

Transportons-nous maintenant en 2012. Le pays en est à son cinquième mandat présidentiel issu d'élections directes, une femme, Dilma Rousseff, a été portée à la tête de l'État. Les électeurs brésiliens font alterner gouvernements de droite et de gauche, et le pays n'a connu que trois ministres des Finances depuis 1995. L'économie est stable, avec des taux moyens d'inflation annuelle inférieurs à 6,5 % et une croissance supérieure à 3 % en moyenne depuis 1995. Le tsunami économique mondial de 2008 n'a produit au Brésil qu'une récession limitée (- 0,3 % en 2009).

Comment sommes-nous passés de la fragilité économique et politique des années 1980 à la stabilité des années 2010 ? Je décrirai d'abord les principaux changements qui, au cours des vingt dernières années, ont jeté les bases de la stabilité et de la croissance. Je discuterai ensuite quelques-uns des obstacles qui se dressent encore sur la voie d'une croissance durable.

Réformes 1990-2010

Ouverture commerciale et privatisation : 1990-1995

L'ère de transformations profondes de l'économie brésilienne a commencé en 1990, avec Fernando Collor de Mello qui a promu la libéralisation massive des échanges et a lancé le processus de privatisation.

Pour mieux comprendre les distorsions créées par les barrières commerciales, un rapide retour sur les raisons de leur mise en place n'est pas inutile. Au cours des années 1950 et 1960, dans le cadre de la substitution aux importations destinée à promouvoir l'industrialisation, la protection commerciale devait soutenir certains secteurs. Plus tard, il s'agit de tenter de redresser une balance commerciale mise à mal par les deux chocs pétroliers des années 1970, puis de faire face à la crise de la dette des années 1980. Il en résulta un embrouillamini de dispositions commerciales qui troublaient les incitations économiques, sans aucune stratégie claire de développement. Selon les arguments protectionnistes, on aurait pu s'attendre à ce que les barrières commerciales abritent les secteurs dans lesquels le pays n'avait pas d'avantage comparatif. Pourtant, les travaux de G. Gonzaga, N. Menezes-Filho et C. Terra [2006] ont montré qu'à la fin des années 1980, la protection tarifaire était pratiquement sans corrélation avec les avantages comparatifs du pays. Le résultat fut une industrie obsolète, manquant des bonnes incitations et privée de l'accès aux technologies étrangères. Pour libérer le potentiel de croissance du pays, l'ouverture commerciale était nécessaire. Les droits de douanes ont diminué sensiblement, de 35,2 % en moyenne en 1990 à 14,4 % en 1994, et sont devenus plus uniformes (baisse de l'écart type de 11,9 à 5,2). L'accord du Mercosur, signé en 1991, faisait partie du processus d'ouverture commerciale. Il visait à établir une union douanière entre l'Argentine, le Brésil, le Paraguay et l'Uruguay. L'accord qui imposait la convergence en quatre ans vers un tarif extérieur commun a servi d'ancrage à l'ouverture des échanges à l'égard du reste du monde.

En 1995, sous le gouvernement Cardoso, un amendement constitutionnel a ouvert l'accès des capitaux étrangers à un certain nombre de secteurs jusque-là fermés : l'exploration et l'extraction pétrolières, l'exploitation minière et le secteur bancaire. En outre, il a accordé aux entreprises étrangères implantées au Brésil le même traitement qu'aux entreprises brésiliennes. Proche de 1 milliard de dollars avant 1994, l'investissement direct étranger est passé à plus de 30 milliards de dollars en 2000.

Le Plan national de privatisations lancé en 1990 a marqué le début d'un important effort dans ce domaine, même si les privatisations réalisées sur la période sont restées bien en deçà de ce qui était prévu. L. De Castro [2011] attribue notamment cet échec à la mauvaise situation financière des entreprises publiques, qui devaient être restructurées avant de pouvoir être vendues et à la difficulté d'évaluer leurs actifs après plusieurs années de forte inflation et de changements de monnaie.

Après ce début timide, les privatisations ont été relancées en 1995 par le gouvernement Cardoso, en particulier dans les services publics. Par la suite, des organismes de réglementation ont été créés pour encadrer la fourniture privée des biens publics. Selon F. Giambiagi [2011], la privatisation a contribué à la baisse de la dette publique ; elle a, dans l'ensemble, augmenté l'efficacité des entreprises privatisées et amélioré la qualité des services publics. À titre d'exemple, avant la privatisation des télécommunications, il y avait 14 lignes téléphoniques pour 100 habitants au Brésil ; quatre ans après la privatisation, leur nombre avait doublé. Sans parler de la qualité des appels téléphoniques... Enfin, les finances des États brésiliens ont été notablement améliorées par la privatisation de leurs entreprises publiques.

Politique macroéconomique et réformes sociales : 1995-2002

Stabilisation macroéconomique. — Fernando Henrique Cardoso a fait entrer le Brésil dans une ère nouvelle d'inflation faible. Après une décennie de montagnes russes, le Plan Real est parvenu à ramener l'inflation à des niveaux raisonnables. Mis en place en 1994, alors que Cardoso était ministre des Finances, ce plan s'est déroulé en trois phases. La première visait à combattre ce qui fut diagnostiqué comme la source même du processus d'inflation : le déficit chronique du budget de l'État. Dans une deuxième phase le Plan Real s'attaqua, comme l'avaient fait les plans antérieurs, à l'« inflation inertielle » : l'inertie du taux d'inflation provient du fait que tous les agents cherchent à rétablir leur revenu réel en fonction de l'inflation passée. Les plans précédents avaient consisté à geler les prix à une date donnée et, souvent aussi, à changer de numéraire. Mais, en régime de très forte inflation, les prix relatifs ne sont jamais à l'équilibre puisque les prix s'ajustent les uns après les autres à l'inflation. Le Plan Real a innové en introduisant un mécanisme de coordination de l'indexation, une sorte d'hyperindexation, pour que l'ensemble des prix relatifs soient à leur valeur d'équilibre au moment de l'introduction de la nouvelle monnaie. La troisième phase a alors consisté à introduire cette nouvelle monnaie, le real, et à adopter un ancrage nominal afin de maintenir le taux d'inflation à un niveau bas. Le taux de change a été utilisé comme ancre nominale jusqu'en 1999, en combinaison avec des taux d'intérêt élevés. Depuis 1999, comme nous le verrons plus loin, la Banque centrale a adopté le ciblage d'inflation et un régime de taux de change flottant.

Le graphique 2 montre les taux d'inflation mensuels au Brésil depuis 1995. Les deux lignes présentent la même série, mais à différentes échelles. La série en ligne continue est à l'échelle du graphique 1 : à partir de 1995, le taux d'inflation ressemble à un électrocardiogramme plat (un bon signe en l'occurrence). À une échelle plus fine (ligne pointillée), un pic d'inflation apparaît à la fin 2002 : il s'explique par l'inquiétude à la perspective de l'élection de Lula et par les craintes, qui se révéleront infondées,

Graphique 2. **Inflation mensuelle au Brésil : 1995-2010**
(en %, vue à deux échelles)

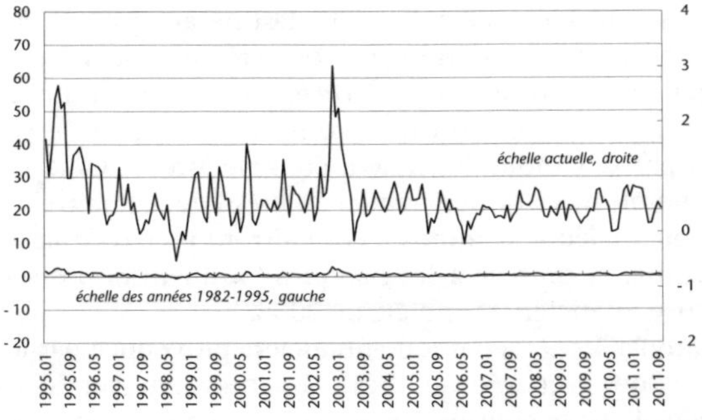

Source : IGP-DI, Fundação Getulio Vargas.

que celle-ci entraîne une réorientation des politiques macroéconomiques.

L'une des nombreuses distorsions produites par la longue période de très forte inflation fut le développement d'un système financier surdimensionné, loin d'être optimal en régime d'inflation faible. Pour donner une idée des incitations que la forte inflation fournissait au développement bancaire, on peut signaler que, dans les années 1980, les guichets automatiques étaient beaucoup plus efficaces au Brésil que dans les pays développés, en dépit du retard technologique global du Brésil et de l'interdiction des importations d'ordinateurs. Il y a plus de vingt ans, il était déjà possible d'effectuer pratiquement toutes les transactions bancaires aux guichets automatiques. Sans surprise, les crises bancaires ont coïncidé avec la stabilisation des prix : entre 1994 et 1995, vingt-huit institutions bancaires ont dû être renflouées par la Banque centrale. En 1995, le gouvernement a créé le PROER (Programme d'encouragement à la restructuration et au renforcement du système financier), qui s'est révélé très efficace dans le traitement et la prévention des crises bancaires. Le programme a établi des exigences en capital plus sévères que celles fixées par Bâle I, a garanti les dépôts, pénalisé la mauvaise gestion des établissements financiers en remplaçant leurs gestionnaires et, le cas échéant, leurs propriétaires, devenus légalement responsables de leurs actes et risquant de voir leurs avoirs gelés. Ces mesures ont rassuré les déposants tout en s'attaquant à l'aléa moral : il est devenu de l'intérêt personnel des dirigeants et des actionnaires des banques de faire preuve de prudence dans la prise de risques.

D'autres réformes touchant le système financier ont également été mises en œuvre : les banques d'État ont été privatisées (sous PROES, semblable à PROER, mais destiné au système financier public) et les banques étrangères ont été autorisées à entrer sur le marché ; des fusions ont renforcé plusieurs institutions financières ; les exigences en capital ont été relevées et le suivi des risques par la Banque centrale a été amélioré. PROER, couplé à cet ensemble de réformes, évitera au Brésil de connaître une crise financière majeure, comme en connaîtront les pays asiatiques ou l'Argentine, et protégera les banques brésiliennes des secousses de la crise financière mondiale de 2008.

En janvier 1999, la panique financière provoquée par le défaut russe s'étant propagée au Brésil, les pressions sur le real ont fait céder l'ancrage au dollar : le real perdait en un mois 40 %

de sa valeur. Le choc passé, le choix fut de ne pas revenir à un régime de change fixe ou quasi fixe. L'expérience avait montré que le taux de change fixe finit par produire une surévaluation du taux de change réel, en raison de l'inflation résiduelle ou des chocs externes ; le résultat en est une détérioration de la balance commerciale qui fragilise le régime de change. L'abandon du change fixe signifiait la disparition de l'ancre nominale utilisée pour stabiliser l'inflation. Le ciblage de l'inflation a joué ce rôle. Conjugué à des taux de change flexibles, il favorise la rigueur monétaire nécessaire pour maintenir l'inflation sous contrôle, sans risque de modifier les prix relatifs.

La cible d'inflation est désormais fixée deux ans à l'avance par un conseil composé du ministre des Finances, du ministre de la Planification et du président de la Banque centrale. Les premières années, la cible d'inflation a varié ; depuis 2005, elle est fixée à 4,5 %, avec une marge de plus ou moins 2 %. Si l'inflation se situe en dehors de la bande, le président de la Banque centrale doit envoyer une lettre ouverte au ministre des Finances expliquant la situation et les mesures qui seront prises pour ramener l'inflation dans la bande. Le système a extrêmement bien réussi : depuis 2004, l'inflation s'est toujours située à l'intérieur de la bande. Les réformes du système financier, PROER et PROES, étaient essentielles à la réussite du régime de ciblage de l'inflation ; PROES a empêché que les banques nationales financent des dépenses excessives des gouvernements locaux, tandis que PROER a rendu la politique monétaire plus efficace. Le maintien de la discipline budgétaire était tout aussi nécessaire. En 2000, l'approbation de la loi de responsabilité budgétaire a constitué à cet égard une étape importante. Cette loi plafonne les dépenses de personnel de l'administration centrale, des États et des municipalités et met en place différents contrôles des finances publiques. En outre, elle interdit les renégociations de dette entre les États et le gouvernement central, récurrentes dans le passé.

Le ciblage de l'inflation nécessite des institutions solides. Avec l'indépendance accordée à la Banque centrale, le gouvernement s'interdit de conduire la politique monétaire à des fins politiques (de stimuler l'activité économique en période préélectorale par exemple). La Banque centrale doit développer des compétences techniques pour mener finement le ciblage d'inflation, en recourant à un ensemble de données statistiques et de modèles économétriques. Il faut aussi qu'elle crée des outils de communication pour rendre ses politiques transparentes. Dernier point, mais non le moindre, la Banque centrale doit établir sa crédibilité en vue de rendre plus efficace la lutte contre l'inflation.

Comme le remarque F. Giambiagi [2011], ces changements institutionnels ont façonné un pays ressemblant davantage aux économies développées, caractérisées par une faible présence de l'État dans les activités productives, des systèmes financiers solides, des niveaux d'inflation relativement faibles et des comptes budgétaires sous contrôle (ou du moins le supposait-on avant 2008...).

Réformes sociales. — Les années Cardoso ont également été marquées par d'importants progrès dans les politiques sociales. Les inégalités ont toujours été très fortes au Brésil et n'ont fait qu'augmenter dans l'environnement économique instable des années 1980. En 1989, le pays était dans ce domaine au deuxième rang mondial, « battu » seulement par l'Afrique du Sud. Les politiques sociales n'étaient jamais parvenues à réduire les inégalités. L'innovation de l'administration Cardoso fut de mettre en œuvre des transferts monétaires conditionnels. Le premier et le plus célèbre de ces programmes est la Bolsa-Escola, qui fournissait aux familles une certaine somme d'argent pour chaque enfant inscrit à l'école. Ce programme ne faisait pas que répondre aux besoins financiers immédiats des pauvres, il attaquait aussi la principale source de la pauvreté : le manque d'instruction. F. Bourguignon *et al.* [2003] ont montré que la Bolsa-Escola avait fait progresser l'inscription scolaire et que le programme avait été efficace dans la réduction de la pauvreté ; mais des montants plus importants seraient nécessaires pour parvenir à un impact plus significatif. D'autres programmes fournissent une aide aux familles dans les zones touchées par la sécheresse (Bolsa-Renda) ; visent, par l'aide aux familles, à éradiquer le travail des enfants (PETI) ; s'adressent aux femmes enceintes et aux femmes chargées d'enfants de moins de 6 ans (Bolsa-Alimentação). Comme le notent V. Pero et D. Szerman [2010], « cette série d'innovations a représenté un changement de paradigme en matière de politiques antipauvreté ».

Au terme de son second mandat, Fernando Henrique Cardoso a passé le relais à Luis Inacio Lula da Silva en janvier 2003. Cette transition en douceur entre le président sortant et l'homme de gauche qui avait été son farouche opposant illustre la maturité politique et institutionnelle nouvellement acquise par le Brésil.

Réformes microéconomiques : 2003-2010

Les années Lula ont été marquées par la poursuite des politiques macroéconomiques mises en œuvre par son prédécesseur, l'expansion des politiques sociales et la mise en œuvre des réformes microéconomiques. Lula a conservé le ciblage de l'inflation et le régime de change flexible qui avait réussi à maintenir la stabilité des prix. Initialement, il a même dû renforcer l'austérité budgétaire et augmenter les taux d'intérêt pour faire face à la crise de crédibilité déclenchée par son élection. Lula (et son parti) ont alors poursuivi les politiques que, dans l'opposition, ils avaient combattues. Comme dit le proverbe : « Un homme sage se ravise, un fou s'entête. »

Démarrée sous le signe de l'austérité, la politique macroéconomique est cependant devenue plus accommodante au cours du second mandat de Lula, et particulièrement à la suite de la crise mondiale de 2008. Le gouvernement a alors adopté une politique budgétaire de soutien à l'activité (notamment sous forme de baisse des taxes sur les produits industriels), une politique monétaire plus accommodante et a étendu les lignes de crédit offertes au secteur privé par les banques publiques.

La forte demande de ses voisins d'Amérique latine en produits manufacturés et de la Chine en produits primaires (en 2010, la Chine a absorbé plus de 40 % des minerais et plus de 15 % des produits agroalimentaires exportés par le Brésil), conjuguée à la hausse des cours mondiaux des matières premières, s'est traduite par une forte progression des exportations brésiliennes à partir de 2003 et par une amélioration sensible des termes de l'échange du pays. En même temps que la balance commerciale s'améliorait, les taux d'intérêt élevés découlant du ciblage d'inflation ont attiré les capitaux étrangers, ce qui a conduit à une importante accumulation de réserves de change. Depuis la fin 2007, le pays est devenu un créancier extérieur net (graphique 3). Les crises de la balance des paiements récurrentes et la dette extérieure font bel et bien partie du passé.

L'apport le plus remarquable du gouvernement Lula se situe dans le domaine des réformes microéconomiques. Grâce à la stabilité macroéconomique et à un environnement extérieur porteur, le gouvernement a cessé de devoir toujours parer au plus pressé et a pu se consacrer à préparer l'avenir. Il s'agissait en particulier d'améliorer l'environnement institutionnel du pays pour créer les conditions d'une croissance durable.

Graphique 3. **Dette extérieure nette**
(en % du PIB, données trimestrielles)

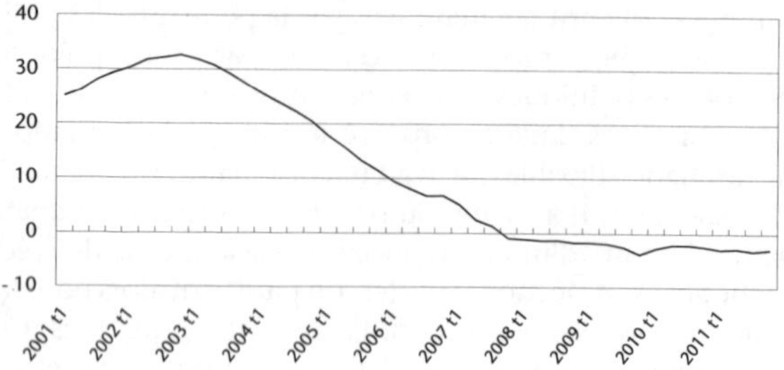

Source : Banco Central do Brasil.

Une réforme partielle du système de retraite avait été réalisée en 1998-1999 : fixation d'un âge minimum de la retraite pour le secteur public (applicable uniquement aux nouveaux fonctionnaires) et recul de l'âge de la retraite pour le secteur privé ; institution d'un système de décote, en fonction de la durée totale des cotisations et de l'âge de la retraite. En 2003, Lula a approfondi la réforme des retraites, en se concentrant sur la fonction publique. Comme les retraités du secteur privé, les fonctionnaires retraités sont désormais assujettis à l'impôt ; la règle sur l'âge minimum de la retraite a été étendue aux agents déjà en fonction ; les pensions des nouveaux entrants ont été plafonnées. Cette réforme ne suffit toujours pas à assurer la viabilité à long terme du système, mais c'est un pas de plus dans la bonne direction.

Afin d'améliorer le marché du crédit et le système financier, de nouveaux instruments de financement privé et de titrisation ont été créés ou améliorés. Par exemple, le gouvernement a créé un dispositif juridique permettant que les charges mensuelles sur certains types de crédits soient automatiquement déduites de la rémunération du débiteur et transférées au créancier. Ceci réduit considérablement le risque de non-paiement et permet de faire bénéficier l'emprunteur de taux d'intérêt plus bas.

L'introduction de la taxe sur la valeur ajoutée a permis de réduire les distorsions des prix relatifs produites par le cumul des taxes antérieures. En outre, la pression fiscale sur les biens d'équipement et sur l'épargne à long terme a été allégée. L'idée était d'abaisser à la fois le coût des nouveaux investissements et celui de leur financement, et *in fine* d'augmenter la croissance potentielle de l'économie.

Différentes mesures ont été prises pour renforcer la cohésion sociale : exonération fiscale pour les biens de première nécessité, élargissement de l'accès des groupes à faible revenu au crédit et au système bancaire (y compris par le microcrédit pour les activités de production) et, enfin, augmentation des ressources disponibles pour les prêts hypothécaires pour le logement populaire.

Un changement important a été apporté sur le plan juridique par la création d'une nouvelle loi sur les faillites. Celle-ci a encouragé la négociation entre créanciers et débiteurs et a réduit l'incitation à abuser de la loi pour le report du paiement des dettes, comme l'avaient fait les dispositions précédentes [Lisboa, 2010].

Les réformes microéconomiques sont importantes pour le développement à long terme de l'économie, mais des politiques sociales efficaces peuvent avoir un impact immédiat sur le bien-être. Ce fut le cas du programme Bolsa-Familia, le programme le plus populaire du gouvernement Lula. Bolsa-Familia regroupe, en réalité, quatre programmes de transferts conditionnels en espèces, trois créés par le gouvernement précédent (Bolsa-Escola, Bolsa-Alimentação et Auxílio-Gaz), et l'un (Cartão-Alimentação) créé par Lula. Avec le programme Bolsa-Familia, les familles pauvres reçoivent une allocation mensuelle, qu'elles aient ou non des enfants. Les familles pauvres avec enfants reçoivent une allocation plus élevée, conditionnée, entre autres, au suivi prénatal, à la vaccination et à la fréquentation scolaire des enfants. Bolsa-Familia s'est révélé particulièrement efficace pour cibler les populations les plus nécessiteuses [voir Pero, 2012 pour une analyse détaillée du programme et de ses perspectives pour l'avenir].

« Pour la première fois dans l'histoire de ce pays », pour reprendre l'expression favorite de Lula, le coefficient de Gini a diminué de façon continue sur dix ans (graphique 4). La pauvreté, définie par un revenu inférieur à 2 USD par jour, a diminué, passant de 21 % de la population en 2003 à 11 % en 2009. Les augmentations du salaire minimum réel, le faible niveau de l'inflation et la croissance ont joué un rôle indéniable dans la réduction des inégalités, mais Bolsa-Familia a constitué un dispositif central, tout en ne représentant que 4 % des dépenses sociales et moins de 0,4 % du PIB en 2011.

Le Brésil a eu la chance d'être durant seize ans dirigé par deux personnalités remarquables qui ont profondément transformé le pays en créant les bases d'une économie plus solide et d'une société plus juste.

Graphique 4. **Recul des inégalités au Brésil (coefficient de Gini)**

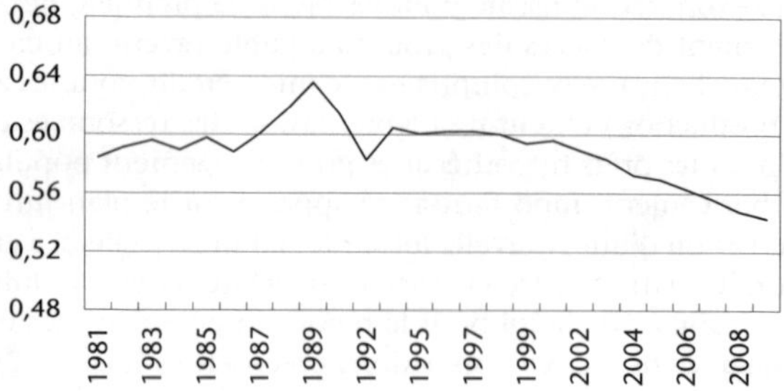

Source : IPEADATA.

Et maintenant ?

Jusqu'en 2000, l'effort mené par le pays pour parvenir à stabiliser l'économie et pour créer un meilleur cadre institutionnel des affaires a souffert d'un environnement mondial marqué par une succession de chocs : crise mexicaine en 1994, crise asiatique en 1997, crise russe en 1998. Si le Brésil est parvenu à limiter les effets de la contagion internationale et à éviter une récession prolongée lors de sa propre crise financière de 1998-1999, sa croissance a fléchi. Elle s'est redressée par la suite, de 2004 jusqu'à la crise financière mondiale de 2008, tout en restant bien moins spectaculaire que celle de la Chine ou de l'Inde. La croissance brésilienne est nettement inférieure à la moyenne des « RICS » (BRICS sans le Brésil : Russie, Inde, Chine et Afrique du Sud) (graphique 5).

Si elles ne sont pas corrigées, plusieurs caractéristiques économiques et politiques du Brésil pourraient continuer de peser sur la croissance.

L'une des contraintes majeures réside dans le manque de travailleurs qualifiés. Historiquement, le Brésil a toujours eu en matière d'éducation un retard important par rapport à d'autres pays de même niveau de développement. Des investissements substantiels ont été faits dans l'éducation depuis les années 1990. La scolarisation moyenne chez les plus de 15 ans est passée de 4,02 années en 1990, à peine au-dessus de la moyenne de l'Afrique subsaharienne (3,93 années), à 7,54 en 2010, soit un peu au-dessus de la moyenne des pays en développement (7,09) [Barro et Lee, 2010]. C'est une amélioration considérable, mais

Graphique 5. **Croissance du PIB**
(variation annuelle en %)

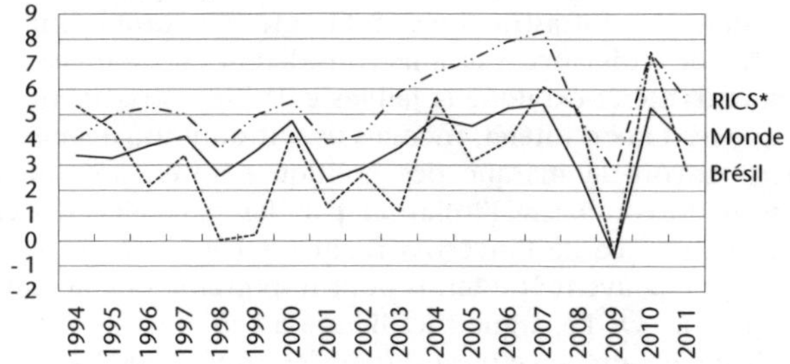

* Russie, Inde, Chine et Afrique du Sud.

Source : FMI, *World Economic Outlook Database*, avril 2012.

insuffisante pour permettre un relèvement sensible de la croissance à long terme. En outre, alors que l'éducation s'est améliorée en termes quantitatifs, les résultats qualitatifs sont moins encourageants. Selon l'Unesco, « à différents niveaux de scolarité, une proportion élevée de la population souffre de lacunes importantes dans les disciplines de base. La faible assimilation des concepts scientifiques entrave l'intégration des individus dans la société moderne ».

Le nouveau gouvernement brésilien a lancé en 2011 le programme « sciences sans frontières ». Mettant l'accent sur les sciences dures, ce programme de bourses vise sur quatre ans à envoyer 75 000 étudiants des premier et deuxième cycles étudier à l'étranger. La littérature économique identifie l'innovation comme le principal moteur de la croissance : investir dans l'enseignement supérieur est essentiel pour soutenir la croissance future. Toutefois, un investissement privilégiant l'enseignement supérieur au détriment de l'enseignement primaire et secondaire peut aggraver les inégalités. En outre, le Brésil avait déjà un programme de bourses internationales bien établi. S'il est souhaitable de mettre l'accent sur la formation, il est nécessaire de le faire d'une manière non régressive. En ce sens, le Pronatec (Programme national pour la formation technique et l'emploi) lancé en 2011 pour développer l'enseignement professionnel et technique, avec l'objectif de former 8 millions de personnes entre 2011 et 2015, paraît mieux adapté.

Le Brésil a besoin d'un investissement plus important non seulement en capital humain, mais aussi en capital matériel. Les taux d'investissement sont faibles : au cours des vingt dernières années, ils n'ont jamais dépassé 20 %. Le manque d'investissement dans les infrastructures notamment pourrait limiter le potentiel de croissance. Certains considèrent que le niveau élevé des taux d'intérêt explique la faiblesse de l'investissement. Il est vrai que les taux d'intérêt, même s'ils ont diminué depuis 2005, portent encore la marque des politiques antérieures lorsqu'il s'agissait de combattre l'inflation par des taux élevés. Cependant, l'autre face de l'investissement est l'épargne, et les taux d'intérêt ne peuvent être tenus pour responsables de la faiblesse de l'épargne. Or l'épargne brésilienne a toujours été inférieure à l'investissement, si ce n'est durant les années 2003 à 2007 où de légers excédents ont été enregistrés. Pour investir davantage de manière durable, le pays doit épargner plus. Fin mai 2012, le rythme d'inflation ayant ralenti au premier semestre, la Banque centrale a baissé son taux directeur à 8,5 %, niveau le plus bas depuis 2009. Cette mesure devrait modérer l'afflux des capitaux étrangers qui a contribué à la surévaluation du real.

Un risque important aujourd'hui est que le Brésil devienne victime du syndrome hollandais. L'augmentation des prix des matières premières au cours des dernières années a stimulé la production agricole au détriment de l'industrie. L'amélioration des termes de l'échange et l'augmentation des entrées de capitaux ont conduit à une appréciation réelle qui a nui au secteur industriel. En conséquence, la part de l'industrie dans le PIB a diminué au cours de la dernière décennie. Le gouvernement a réagi par différentes mesures budgétaires : allègements fiscaux, crédits bonifiés, achats publics. Plus récemment, pour limiter l'appréciation du taux de change, il s'est attaqué aux entrées de capitaux en taxant les flux à court terme. La tentation actuelle de mettre en place des politiques industrielles n'est pas sans danger. Ces politiques pourraient stimuler la production industrielle, mais leur coût pèserait sur les autres secteurs de l'économie. De plus, dans la mesure où le secteur industriel est intensif en capital et en main-d'œuvre qualifiée, les politiques industrielles ont tendance à être régressives en termes de répartition des revenus. Il serait plus judicieux d'approfondir les réformes microéconomiques et d'améliorer l'environnement réglementaire du pays. Selon les données de *Doing Business* de la Banque mondiale, le Brésil se classe globalement en 2012 au 126e rang mondial. Le Chili, *success story* économique de l'Amérique latine, se classe au

39e rang. Il faut 119 jours pour démarrer une entreprise au Brésil, contre 54 en moyenne en Amérique latine et Caraïbes et 12 dans les pays de l'OCDE. Le taux d'imposition total des bénéfices est de 67 % au Brésil (toujours selon *Doing Business*), contre 48 % pour l'Amérique latine et les Caraïbes et 43 % pour les pays de l'OCDE. Diminuer les coûts pour les entreprises brésiliennes créerait naturellement des incitations pour l'industrie, et les mettrait à égalité avec leurs concurrentes.

R. Bonelli et S. Pessôa [2010] contestent l'idée selon laquelle la désindustrialisation serait un problème au Brésil aujourd'hui. Ils montrent que la diminution de la part de l'industrie n'est pas si manifeste si l'on considère l'évolution en volume et non pas en valeur. En outre, la part de l'industrie dans le PIB est comparable à celle des pays ayant des niveaux de développement similaires. Néanmoins, si le Brésil n'est pas encore atteint du syndrome hollandais, il est possible qu'il le devienne, quand commencera l'exploitation des énormes réserves de pétrole récemment découvertes.

Nous savons que c'est la qualité des institutions politiques et économiques qui fait des ressources naturelles une bénédiction ou une malédiction. C'est surtout dans les pays où les institutions sont déficientes, la corruption endémique et les systèmes financiers sous-développés que l'appréciation réelle risque de conduire à la désindustrialisation et à l'affaiblissement de la croissance. Par ailleurs, la manne procurée par ces ressources peut être source de conflits internes si des groupes d'intérêts concurrents tentent de se l'approprier. Enfin, il n'est jamais simple de transformer des revenus non renouvelables en actifs productifs [Ploeg, 2011]. À cet égard, la bonne nouvelle est qu'en décembre 2010, le gouvernement brésilien a créé le Fonds Pré-Sal, destiné à constituer à partir des revenus du pétrole une épargne publique de long terme. Les ressources du fonds doivent être utilisées exclusivement à des projets de développement social et régional et à des programmes de réduction de la pauvreté. En outre, la moitié des ressources du fonds sera affectée à l'éducation. C'est un signe que le gouvernement est conscient des risques liés à l'augmentation des recettes pétrolières. Cependant, rien n'est encore joué. C'est lorsque les recettes commencent à affluer qu'il est difficile de ne pas céder aux pressions pour les utiliser immédiatement.

Sur la scène politique, la présidence Lula a été entachée par plusieurs scandales de corruption qui n'ont pas été traités avec la vigueur nécessaire. Face à ce problème, la réaction du gouvernement s'apparentait davantage à un haussement d'épaules, « cela fait partie de la vie dans un pays en développement », qu'à une véritable indignation. Inutile de dire, que ce n'est pas le bon moyen de renforcer les institutions. Dilma Rousseff a, elle, choisi de mener de front le combat contre la corruption. Quatre ministres ont déjà démissionné ou ont été révoqués et des dizaines de fonctionnaires ont été licenciés ou arrêtés par la police fédérale sur des accusations de corruption. La difficulté pour la présidente est de trouver un équilibre entre la lutte déterminée contre la corruption et la préservation d'un soutien politique au Congrès.

Depuis longtemps, les analystes politiques attirent l'attention sur la difficulté de gouverner le Brésil du fait de la combinaison d'un régime présidentiel et d'une fragmentation des partis [voir, par exemple, Ames, 2001]. Le président et le Congrès sont élus par vote direct et ont une durée fixe de mandat, de sorte qu'ils n'ont pas besoin de négocier l'un avec l'autre pour rester au pouvoir. Le Congrès est très fragmenté et instable. Son système de représentation proportionnelle par « liste ouverte » affaiblit le contrôle et la cohésion des partis, favorise les pratiques clientélistes et la corruption. Compte tenu du système fédéral, le président doit aussi composer avec les élites des États. En conséquence, les coalitions qui se forment après les élections doivent être régulièrement renégociées. Un gouvernement qui s'attaque à la corruption doit constamment veiller à préserver le soutien de sa coalition. Par deux fois, en 1988 et en 1993, il y a eu des tentatives pour passer du système présidentiel au système parlementaire. O. Amorim Neto *et al.* [2011] ont proposé une réforme moins radicale basée sur deux changements : la réduction de la taille moyenne des circonscriptions électorales et l'établissement d'une règle pour une répartition proportionnelle des sièges entre les partis qui forment des coalitions électorales. Selon leurs simulations, ces changements permettraient de réduire la fragmentation des partis.

Avec la légitimité de la démocratie, des progrès institutionnels importants ont été réalisés au Brésil. Il reste beaucoup à faire, et j'ai souligné ici quelques-unes des transformations à accomplir. Néanmoins, les réformes macroéconomiques et microéconomiques ont rendu le pays plus stable et plus résistant aux chocs. Le Brésil a souvent été considéré comme une « terre d'avenir ».

Il semble bien qu'au cours des vingt dernières années les Brésiliens soient parvenus à tracer leur chemin vers cet avenir.

Repères bibliographiques

Ames B. [2001], *The Deadlock of Democracy in Brazil,* The University of Michigan Press, Ann Arbor.

Amorim Neto O., Cortex B. et Pessoa S. [2011], « Redesenhando o mapa eleitoral do Brasil : uma proposta de reforma política incremental », *Opinião Pública,* vol. 17, p. 45-75.

Barro R. J. et Lee J. W. [2010], « A new data set of educational attainment in the world, 1950-2010 », *NBER Working Papers,* n° 15902, National Bureau of Economic Research, Inc.

Bonelli R. et Pessôa S. [2010], « Desindustrialização no Brasil : um resumo da evidênciea », *Texto para Discussão,* n° 7, IBRE, Fundação Getulio Vargas.

Bourguignon F., Ferreira F. et Leite P. [2003], « Conditional cash transfers, schooling and child labor : micro-simulating Bolsa Escola », *DELTA Working Papers,* n° 2003-07, DELTA (École normale supérieure).

De Castro L. [2011], « Privatização, abertura e desindexação : a primeira metade dos anos 90 », *in* Giambiagi F., Villela A., De Castro L. B. et Hermann J. (dir.), *Economia Brasileira Contemporânea,* Editora Campus, Rio de Janeiro.

Giambiagi F. [2011], « Estabilização, reformas e desequilíbrio macroeconômicos : os anos FHC », *in* Giambiagi F., Villela A., De Castro L.B. et Hermann J. (dir.), *Economia Brasileira Contemporânea,* Editora Campus, Rio de Janeiro.

Gonzaga G., Menezes-Filho N. et Terra C. [2006], « Trade liberalization and the evolution of skill earnings differentials in Brazil », *Journal of International Economics,* vol. 68, n° 2, p. 245-367.

Lisboa M. [2010], « Instituições e desenvolvimento econômico », Address to receive the prize of economist of the Year from Ordem dos Economistas do Brasil, <www.oeb.org.br/ADM/depoimentos/public/meus_arquivos/discursoMarcos.pdf>.

Pero V. [2012], « Une nouvelle génération de programmes sociaux au Brésil », CERISCOPE Pauvreté, <http://ceriscope.sciences-po.fr/node/331>.

Pero V. et Szerman D. [2010], « The new generation of social programs in Brazil », *in* Adatto M. (dir.), *Conditional Cash-Transfers in Latin America,* Johns Hopkins University Press, Baltimore.

Ploeg F. van der [2011], « Natural resources : curse or blessing ? », *Journal of Economic Literature,* vol. 49, n° 2, p. 366-420.

V / Quand la finance ne sert plus la croissance

Christophe Boucher, Gunther Capelle-Blancard,
*Jézabel Couppey-Soubeyran et Olena Havrylchyk**

Avec la crise qui se prolonge, l'opinion publique est de plus en plus hostile au secteur financier. Les mouvements de contestation, tels que *Les Indignés* ou *Occupy Wall-Street*, traduisent bien cette exaspération générale de la population. À quoi sert la finance ? La finance est-elle (socialement) utile ? Encore récemment, ces questions auraient paru saugrenues, tant il était admis – au moins parmi les économistes – que la finance ne pouvait avoir qu'un rôle positif sur la croissance. Les turbulences financières récurrentes et la crise sans précédent que traversent les économies développées remettent toutefois en question l'analyse des relations entre la sphère financière et l'économie « réelle ».

Le secteur financier est, à n'en pas douter, indispensable au bon fonctionnement de l'économie. Il assure la gestion des moyens de paiement, facilite l'allocation du capital, la mise en commun de l'épargne, le partage des risques, le contrôle et la surveillance des entreprises, et favorise la production et la diffusion d'informations [Merton, 1995]. Sans remettre en cause les apports essentiels de la finance, il s'agit de s'interroger sur les excès et les dysfonctionnements constatés ces dernières

* Christophe Boucher est économiste chez AAAdvisors (ABN AMRO), chercheur chez Variances et professeur à l'université de Metz ; Gunther Capelle-Blancard est professeur à l'université Paris-I-Panthéon-Sorbonne et directeur adjoint au CEPII ; Jézabel Couppey-Soubeyran est maître de conférences à l'université Paris-I-Panthéon-Sorbonne et conseillère scientifique au Conseil d'analyse économique ; Olena Havrylchyk est économiste au CEPII.

années. La finance doit servir l'économie réelle et non se servir elle-même. Cela appelle une réflexion sur les qualités d'un bon système financier, sur la juste taille et la juste place de la sphère financière et donc aussi sur la nature des régulations propres à contenir ses débordements.

Une très forte expansion des activités bancaires et financières

Le développement financier peut se définir comme le processus par lequel les instruments, marchés et intermédiaires financiers améliorent le traitement de l'information, la mise en œuvre des contrats et la réalisation des transactions, permettant ainsi au système financier de mieux exercer ses fonctions principales [Levine, 2005]. Il est cependant difficile de quantifier ce processus qualitatif et protéiforme qui, par défaut, s'apprécie le plus souvent à partir d'indicateurs qui mesurent la taille du secteur financier (par exemple en rapportant les crédits, l'actif des institutions financières ou la capitalisation boursière au PIB) et/ou les volumes d'échanges (sur le marché des changes, le marché boursier, le marché obligataire...).

Quelques faits stylisés

La sphère financière s'est développée de manière exponentielle ces dernières années. C'est le cas des marchés financiers, mais aussi des intermédiaires financiers. La libéralisation, les progrès technologiques, le déploiement des produits dérivés ont concouru à une explosion des volumes de transactions. Le cas le plus emblématique est sans doute celui des transactions de changes (graphique 1). En avril 2010, d'après l'enquête de la BRI, il s'échangeait plus de 4 000 milliards de dollars chaque jour sur le marché des changes [King et Rime, 2010]. Ce volume des transactions de change est absolument sans commune mesure avec le PIB ou avec le total des échanges internationaux de biens et services. Au milieu des années 1970, les volumes sur le marché des changes représentaient 20 % environ du PIB mondial. Dix ans plus tard, le rapport s'était inversé et aujourd'hui les volumes sur le marché de changes s'élèvent à quinze fois le PIB mondial et à soixante-cinq fois le commerce mondial alors même que leur principale finalité est de permettre le règlement des échanges et la couverture des risques associés. Les fonds de placement (fonds

Graphique 1. **Évolution des transactions sur le marché des changes**
(milliards de dollars)

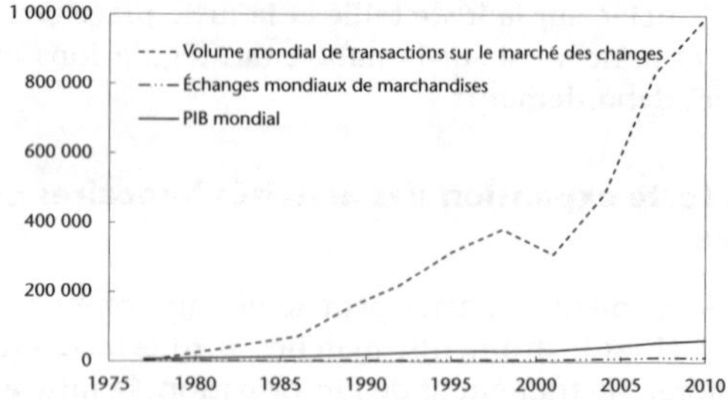

Sources : marchés de changes : enquêtes triennales de la BRI et extrapolation pour l'année 1997 à partir des données pour les États-Unis ; PIB : FMI ; échanges : Banque mondiale.

collectifs, fonds de pension, *hedge funds*, etc.) ont largement participé à cette croissance, puisqu'ils pèsent désormais pour plus de la moitié des transactions.

Cet écart illustre bien la « déconnexion des sphères réelle et financière ». Cette croissance du marché des changes s'explique en partie par le développement des opérations d'arbitrage et des techniques de couverture à l'aide des produits dérivés qui gonflent le volume des échanges sur les marchés de capitaux. Une part importante de cette hausse est due également au développement du *trading* haute fréquence. En matière d'opérations de change, ces programmes sont mis au point pour exploiter des mouvements de cours probables entre les devises. Des opérations sont préprogrammées pour se déclencher automatiquement si un seuil prévu est franchi à la hausse ou à la baisse.

Globalement, les innovations financières sont censées améliorer l'allocation des capitaux et favoriser une meilleure répartition des risques. En pratique, le bilan n'est pas évident à établir. Cette extraordinaire croissance du marché des changes s'est bien traduite par une baisse des coûts de transaction, mais le gain économique qui en découle diminue très rapidement à mesure que les volumes augmentent. L'effet sur l'instabilité est, quant à lui, au mieux mitigé, sinon défavorable. La volatilité moyenne du marché des changes n'a, certes, pas particulièrement augmenté, mais les crises de change sont devenues très fréquentes (sans que l'on puisse uniquement lier cela à la hausse des volumes) et, surtout, les effets de contagion sont plus forts.

La croissance des marchés boursiers et obligataires est tout aussi impressionnante. Ainsi, la capitalisation boursière mondiale est passée d'un peu moins de 9 000 milliards de dollars fin 1990 à 57 000 milliards fin 2010, avec un pic à près de 65 000 milliards en 2007. Les encours sur le marché obligataire mondial ont dépassé 100 000 milliards de dollars en juin 2011, alors qu'ils n'étaient que de 18 milliards fin 1990 (graphique 2). Au cours des dernières années, le développement du marché obligataire a été beaucoup plus rapide que celui du marché boursier, traduisant un essor du marché de la dette jugé excessif par de nombreux observateurs.

Au niveau mondial, les marchés boursiers et obligataires représentent ainsi aujourd'hui environ 2,5 fois le PIB, 4 fois le PIB si on ajoute les actifs bancaires ; en France, ce total dépasse 6 fois le PIB, contre 3,5 pour l'Allemagne et 9 pour le Royaume-Uni (graphique 3).

Graphique 2. **Évolution des marchés boursiers et obligataires mondiaux**
(en trillions de dollars)

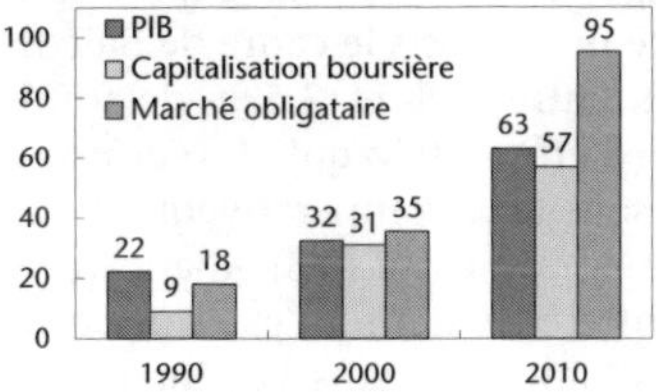

Source : World Federation of Exchange, *BIS Quarterly Review*, mars 2012, tableaux 11 et 16.
Compilation par les auteurs.

Graphique 3. **Indicateurs de la taille de la sphère financière en 2010**
(rapportés au PIB)

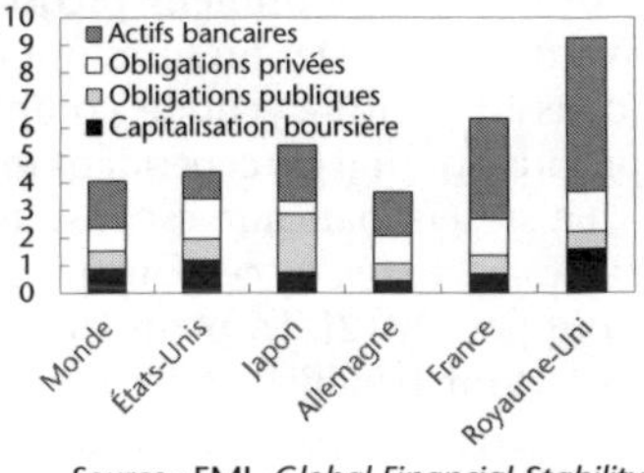

Source : FMI, *Global Financial Stability Report*, avril 2012.
Compilation par les auteurs.

Les raisons de la forte croissance de la sphère financière

Quelles sont les raisons de cet extraordinaire développement du secteur financier au cours des dernières décennies ? L'accent est le plus souvent mis sur l'incidence des nouvelles technologies et la baisse des coûts de transaction. Sont également mis en avant, et à juste titre, l'effet du vieillissement de la population, l'augmentation du niveau de vie dans certains pays émergents et le recyclage des revenus des pays exportateurs de pétrole et de matières premières qui ont favorisé la constitution d'une épargne mondiale alimentant l'industrie financière. Ici, nous allons cependant insister sur d'autres raisons. Celles-ci permettront de comprendre en quoi cette expansion est problématique et feront entrevoir les solutions (notamment réglementaires) qui permettraient de remettre le secteur financier au service de l'économie réelle.

Tout d'abord, le secteur financier est fondamentalement procyclique. Lorsque l'économie connaît une période de croissance prolongée avec un niveau bas des taux d'intérêt, l'augmentation du prix des actifs entraîne l'augmentation de la richesse nette, ce qui réduit la probabilité de défaut des emprunteurs et favorise à la fois l'offre et la demande de services financiers. La politique monétaire expansive ouvre un canal de prise de risque (*risk taking channel*) : les banques sont incitées à réduire leurs efforts de sélection et de contrôle et à prendre des risques supplémentaires en prêtant à des emprunteurs dont la probabilité de défaut est plus élevée. Naturellement, les effets de la procyclicité s'accroissent avec la taille et le levier d'endettement du secteur financier jusqu'au retournement brutal qui provoque la crise. Ces problèmes de procyclicité, au cœur de l'instabilité financière, n'ont pas suffisamment préoccupé les autorités de supervision avant la crise. Des mesures ont été prises dans le cadre de Bâle III (coussin contra-cyclique compris entre 0 % et 2,5 % de fonds propres) dont il est cependant loin d'être certain qu'elles suffiront.

Le secteur bancaire est ensuite sous-taxé comparativement aux autres secteurs, et ce pour plusieurs raisons [Capelle-Blancard et Couppey, 2012]. La première d'entre elles tient à l'exemption de TVA dont bénéficient les services bancaires dans la plupart des pays (en partie parce que la mesure de la valeur ajoutée des services bancaires pose problème). Une deuxième raison tient à l'internationalisation de l'activité bancaire qui permet de tirer avantage des différences réglementaires et fiscales et à la facilité avec laquelle les banques peuvent déplacer leurs profits vers des paradis fiscaux. Environ 13 % des filiales étrangères des grands groupes bancaires français sont localisées dans des centres *offshore*, en partie peut-être pour satisfaire aux besoins de la clientèle à la recherche de produits d'épargne peu taxés, mais aussi et surtout pour pratiquer l'évasion fiscale. Outre cette moindre fiscalité qu'elles parviennent à organiser, les banques profitent également d'un certain nombre de garanties explicites et implicites, liées aux dispositifs de garantie des dépôts et aux sauvetages par les pouvoirs publics en cas de défaillance. Différents organismes (Banque d'Angleterre, FMI, CEPR, NEF...) ont récemment cherché à mesurer ces garanties, assimilables à des subventions implicites. Dans le cas des grandes banques européennes, les montants estimés de subventions implicites ne représentent pas moins de dix fois le montant annuel moyen des impôts sur le revenu qu'elles ont payés au cours des cinq dernières années. Pas étonnant qu'un secteur ainsi sous-taxé et aussi largement subventionné ait grossi bien plus rapidement que tous les autres. De plus, ces subventions implicites engendrent d'importants problèmes d'aléa moral qui ne rendent pas seulement le secteur bancaire plus gros mais également plus risqué.

Cette expansion du secteur bancaire a enfin eu lieu après que les autorités réglementaires ont décidé de relâcher la réglementation. Les banques ont notamment obtenu du comité de Bâle de pouvoir utiliser dès 1996 leurs modèles internes pour évaluer les risques de leurs actifs, lesquels déterminent le calcul des ratios de fonds propres que les banques doivent respecter. Cela a conduit à une situation dans laquelle des banques pouvaient satisfaire aux exigences réglementaires tout en présentant des leviers d'endettement plus élevés et de plus faibles coussins de capital en cas de choc. Cette tendance s'est fortement accentuée à partir du milieu des années 2000 lorsque des conduits hors bilan sont apparus exemptés des exigences de fonds propres. En d'autres termes, les banques ont pu accroître leurs offres de prêts, les titriser et les déplacer vers des conduits hors-bilan, sans être obligées de constituer des fonds propres pour couvrir les risques associés. Une telle possibilité d'arbitrage réglementaire a bien entendu favorisé l'usage de la titrisation et la croissance d'un secteur bancaire fantôme opérant en dehors du cadre réglementaire (*shadow banking*). Les produits issus de la titrisation ont en effet rencontré l'appétit des banques d'investissement, des fonds d'investissement et autres *hedge funds*. Acteurs majeurs sur les marchés des changes, sur les marchés de produits dérivés, et tout particulièrement sur celui des CDS, ces institutions ont contribué à l'industrie de la titrisation et s'en sont nourries pour croître, jusqu'à constituer un secteur bancaire parallèle opérant à l'écart du cadre réglementaire des banques. Ce *shadow banking* n'a cessé de s'étendre depuis les années 1990 jusqu'à la crise financière de 2007-2009. La réserve fédérale de New York estime que le volume de crédits « intermédiés » par le *shadow banking* était de l'ordre de 20 000 milliards de dollars, soit deux fois environ le volume de crédits portés par le secteur bancaire traditionnel [Pozsar *et al.*, 2010].

Le lien entre finance et croissance : la fin d'un consensus

Les premiers débats

Au début du xxe siècle, Joseph Schumpeter était l'un des principaux promoteurs de la finance, y voyant la condition *sine qua non* du financement de l'innovation : « Les services que rendent les intermédiaires financiers sont essentiels pour provoquer, faciliter, accompagner les innovations technologiques et le développement économique. » Quelques décennies plus tard, il ne convainc toutefois pas Joan Robinson, pour qui la finance ne fait que suivre la croissance : « Là où va l'entreprise, la finance suit » (*Where enterprise leads, finance follows*). Dans les années 1960-1970, le débat s'épaissit avec les travaux de John Hicks, Ronald McKinnon et Edward Shaw. Ceux-ci attirent l'attention sur ce qu'ils appellent les politiques de répression financière qui vont à l'encontre d'une libre allocation des capitaux et qui, selon eux, brident le développement financier et par là même freinent la croissance. Dans ces travaux, la question de la contribution de la finance à l'économie et celle des modalités de la régulation financière sont intimement liées. Des travaux empiriques vont cependant se concentrer sur le lien entre finance et croissance, en mettant de côté les questions de réglementation.

La première étude empirique cherchant à établir un lien statistique entre finance et croissance est celle de Raymond Goldsmith [1969]. Goldsmith met en équation la croissance qu'il fait dépendre du développement financier. L'échantillon rassemble 36 pays dont Goldsmith cherche à expliquer la croissance moyenne observée entre 1860 et 1963. Il ressort de cette première étude une corrélation positive et significative entre finance et croissance. Mais l'étude est très fruste et corrélation ne vaut pas causalité. Plusieurs centaines d'études économétriques vont suivre (sur des données macroéconomiques, sectorielles, individuelles, en coupe instantanée, en séries temporelles, en panel, etc.). Par rapport au travail de Goldsmith, les premiers raffinements portent sur l'introduction de « variables de contrôle » car, bien entendu, il n'y a pas que le développement financier qui puisse expliquer la croissance : sont à prendre en compte, par exemple, l'influence du niveau de développement initial du pays considéré, celle de l'éducation, de la politique économique, etc. Le raffinement a également porté sur la variable de développement financier dont on a indiqué plus haut qu'il pouvait être mesuré de différentes manières.

Le consensus des années 1990

Ross Levine est le chef de file de cette abondante littérature empirique qui vise à appréhender le lien de causalité entre le développement financier et le développement économique. Il exerce alors une grande influence : il a été économiste à la Banque mondiale entre 1990 et 1997 au moment où celle-ci promouvait sa stratégie de libéralisation financière, et ses articles lui valent une très large reconnaissance académique (il figure au dixième rang des économistes les plus cités dans le classement RePEc).

Alors très en vogue, les travaux de Ross Levine font beaucoup d'émules et peu de contradicteurs. Rares en effet sont les études qui cherchent à en prendre le contre-pied en examinant la relation inverse (la finance expliquée par la croissance). Plus rares encore sont celles qui se sont risquées à nier la relation ou à établir une relation négative entre la finance et la croissance [Ang, 2008].

Au début des années 2000, le débat semblait même quasiment clos. Ross Levine [2005], repris par Aghion [2007], résumait ainsi l'état de l'art sur le lien entre finance et croissance : « Globalement, l'ensemble des recherches actuelles suggèrent que (1) les pays dont les banques et les marchés fonctionnent mieux se développent plus rapidement ; (2) le biais de simultanéité ne semble pas affecter ces conclusions et (3) une efficacité accrue des

Encadré 1. Finance et croissance : comment tester la causalité ?

Levine a en tête que c'est la finance qui nourrit la croissance, et c'est bien ce lien de causalité là qu'il va chercher à démontrer. Techniquement, la question de la causalité est le plus souvent traitée en « instrumentant » le développement financier : il s'agit de remplacer la variable de développement financier par une variable qui lui est très liée, mais qui n'est pas influencée par la croissance.

Le plus souvent, la variable choisie est représentative du système légal. Ce choix s'appuie sur les travaux de Rafael La Porta, Florencio Lopez De Silanes, Andrei Shleifer et Robert Vishny qui relient l'architecture des systèmes financiers à la tradition juridique. Ils distinguent les pays de *common law*, fondant leur droit sur la jurisprudence, et les pays de *civil law*, s'appuyant sur un droit codifié. Ces différences en droit expliqueraient celles observées au niveau du développement financier. C'est la raison pour laquelle la variable « légale » sert souvent d'instrument dans les études empiriques confrontées à un problème d'endogénéité ou de double causalité entre finance et croissance.

Lorsque le lien statistique est ainsi établi entre la variable qu'on cherche à expliquer (la croissance) et la variable instrumentée, la relation peut s'interpréter comme une relation causale univoque (la finance « cause » la croissance).

systèmes financiers réduit les contraintes qui pèsent sur le financement externe des entreprises, indiquant qu'il s'agit là d'un des mécanismes par lesquels le développement des marchés financiers influence la croissance. »

Pourtant, avec la résurgence de l'instabilité financière au tournant des années 1990-2000 (marquée notamment par la crise asiatique en 1996-1997 et le krach Internet), plusieurs économistes se montrent sceptiques quant à la contribution du secteur financier au développement économique [Wachtel, 2003 ; Manning, 2003]. Surtout, plusieurs articles mettent en évidence de sérieux problèmes méthodologiques dans l'estimation empirique des relations de causalité entre finance et croissance [Rousseau et Wachtel, 2002 ; Rioja et Valev, 2004 ; Roodman, 2009]. Avec la crise financière qui a ensuite frappé les pays occidentaux à partir de 2007, le débat s'est pleinement rouvert. Pour preuve, cette question postée sur le site VoxEU (plate-forme créée à l'initiative du Centre for Economic Policy Research, l'un des principaux réseaux internationaux de chercheurs en économie, pour valoriser les travaux académiques auprès du public) : « Pourquoi avons-nous besoin d'un secteur financier ? »

Le seuil au-delà duquel le lien se rompt

De nouvelles approches entendent ainsi revenir sur la relation entre finance et croissance. Il en ressort que la causalité entre le développement financier et la croissance économique ne serait valable qu'aux tout premiers stades de développement : à mesure que les économies progressent, le lien s'efface [Aghion *et al.*, 2005 ; Rousseau et Wachtel, 2011 ; Bordo et Rousseau, 2011]. De manière générale, il se peut que la finance ait une influence positive sur le développement économique, mais seulement jusqu'à un certain seuil ; au-delà, les effets « parasitaires » l'emporteraient et nuiraient à la croissance. Arcand *et al.* [2011] testent cette assertion et parviennent à identifier empiriquement un tel seuil : lorsque le volume des crédits au secteur privé dépasse 110 % du PIB, l'effet marginal du développement financier sur la croissance devient négatif. Même s'il convient de ne pas se focaliser sur ce seuil de 110 %, ces résultats suggèrent que la taille du secteur financier est devenue excessive. Le tableau 1 montre ainsi que le volume des crédits au secteur privé rapporté au PIB dépasse ce seuil de 110 % dans la quasi-totalité des grandes économies de l'OCDE. En trois décennies, ce ratio a plus que doublé pour l'ensemble de ces pays. Pendant la crise, plusieurs voix ont exprimé des préoccupations à ce sujet, notamment Lord Turner, le président de la FSA (l'autorité de régulation britannique), qui n'a pas hésité en 2009 à déclarer que la taille du secteur financier au Royaume-Uni était « au-delà d'une taille socialement raisonnable ».

Tableau I. **Crédit au secteur privé dans les principales économies avancées**
(en % du PIB, pays classés selon le niveau en 2011)

	1980	2011		1980	2011
Espagne	75	204	Suède	74	136
Pays-Bas	89	198	Canada	72	128
États-Unis	97	193	Italie	55	122
Royaume-Uni	27	188	France	101	116
Suisse	106	176	Allemagne	76	105
Japon	129	170	Belgique	29	93

Source : Banque mondiale Databank.

Quantité ou qualité ?

D'autres travaux insistent sur les effets qualitatifs du développement financier. La hausse des volumes de crédits ou de la capitalisation boursière ne signifie pas nécessairement que le secteur financier accomplisse ses fonctions de manière plus efficace. C'est même parfois tout le contraire : une hausse de la capitalisation boursière peut n'être que le reflet du gonflement d'une bulle spéculative ; de même, les volumes de crédits peuvent augmenter uniquement en raison d'un relâchement des conditions d'octroi des prêts (la crise des *subprime* en est sans aucun doute une bonne illustration). Les travaux empiriques récents montrent que c'est bien plus la qualité [Hasan *et al.*, 2009] et la destination des crédits distribués [Beck *et al.*, 2009] qui importent pour la croissance que leur volume. Et cela n'a pas forcément à voir avec le poids du secteur financier dans l'économie, mesuré par exemple par sa valeur ajoutée, le nombre d'employés ou les rémunérations [Capelle-Blancard et Labonne, 2011 ; Cecchetti et Kharroubi, 2012].

Ainsi, il n'est pas simple de définir la taille optimale du secteur financier. Rares sont les travaux académiques qui s'y sont attelés [Holmstrom et Tirole, 1993 ; Philippon, 2010, 2011 ; Bolton, Santos et Scheinkman, 2011]. Ces travaux reposent fondamentalement sur l'idée que le développement financier entraîne à la fois des gains et des coûts. C'est ce qui fait leur intérêt, mais aussi leur limite : comment en effet parvenir à recenser puis estimer, pour toutes les fonctions du système financier, l'ensemble des gains et des coûts associés au développement financier ?

Les conséquences des débordements du secteur financier

Une plus grande instabilité

Le principal coût associé à un développement du secteur financier excessif ou mal maîtrisé réside dans l'instabilité économique et financière qu'il peut engendrer. Ce risque était déjà mentionné dans les travaux de Minsky [1974] et Kindleberger [1978]. Stiglitz [2000] considère également que la récurrence des crises financières est étroitement liée à la libéralisation du secteur financier. Les études empiriques qui testent l'incidence de la « libéralisation financière » [Rancière *et al.*, 2008] tendent aussi à montrer que les gains de croissance qui en résultent ont pour contrepartie une volatilité plus grande de la croissance du PIB. Rajan [2005] mettait également en garde contre le développement d'un système financier de plus en plus complexe qui pourrait provoquer une crise majeure. La relation entre finance et volatilité est, là encore, vraisemblablement non linéaire. Easterly *et al.* [2000] montrent notamment que lorsque le volume de crédits dépasse 100 % du PIB, la volatilité macroéconomique est plus grande. Et si, avant la crise, certains de ces auteurs concluaient malgré tout, au moins pour les pays avancés, que « la libéralisation financière et l'expérience d'une croissance rapide mais risquée valent mieux que rester enfermé dans un sentier de croissance sûr mais lent » [Rancière *et al.*, 2008], le vertige atteint pendant la crise semble bien avoir redonné la priorité à la stabilité financière, même au prix d'une croissance moindre.

Une mauvaise allocation des talents

Il est un autre biais par lequel un développement excessif du secteur financier peut nuire à la croissance, c'est celui de l'allocation des talents au sein des différents secteurs productifs. James Tobin [1984] est le premier à suggérer que les rendements sociaux du secteur financier peuvent être plus faibles que ses rendements privés et à s'inquiéter que le secteur financier puisse « ravir » les talents au détriment des secteurs productifs et soit ainsi inefficient au niveau de la société : plus de financiers signifie aussi moins d'ingénieurs. Plus tard, Murphy *et al.* [1991] feront de l'allocation des talents un déterminant important de la croissance.

Au cours des deux dernières décennies, le secteur financier a attiré de très nombreux jeunes diplômés, peut-être au détriment des autres industries. Parmi les diplômés de Harvard, par exemple, ceux qui ont obtenu leur diplôme en 1990 sont 15 % à travailler dans la finance quinze ans plus tard, soit trois fois plus que parmi les diplômés des années 1970 [Goldin et Katz, 2008]. De même en France, la part des élèves ingénieurs qui poursuivent leur carrière dans le secteur financier a augmenté significativement ces dernières années. Si l'on s'en tient aux enquêtes du CNSIF (Conseil national des ingénieurs et des scientifiques de France), cette part a plus que doublé entre 1983 et 2008 pour atteindre plus de 2,5 %. À noter que 15 % d'entre eux travaillent à l'étranger, contre 10 % des autres ingénieurs [Célerier, 2011].

Cet attrait des talents est évidemment dû aux salaires particulièrement élevés dans l'industrie financière. Toujours parmi les diplômés de Harvard, ceux qui travaillent dans le secteur de la finance gagnent, toutes choses égales par ailleurs, presque trois fois plus que les autres. L'évolution des salaires sur longue période aux États-Unis fait apparaître également une « prime » en faveur des salariés de la finance (graphique 4) qui atteint un pic peu de temps avant la crise [Philippon et Reshef, 2008].

Un des débats les plus médiatisés au moment de la crise de la fin des années 2000 est justement celui des rémunérations dans le secteur de la finance, en particulier celui des bonus. Les bonus versés aux opérateurs de marché, calculés sur le gain à court terme et de façon asymétrique, peuvent conduire à des prises de risque excessives. Malgré les engagements pris lors du G20 de Pittsburg en 2009, et les résultats en nette baisse des banques, les bonus restent un élément important de la rémunération des opérateurs de marché. Depuis 2009, le montant total des bonus à Wall Street est autour de 20 milliards de dollars, certes en diminution par rapport aux années fastes 2005-2007, mais supérieur à ce que l'on avait connu jusque-là (graphique 5). En France, nous ne disposons que des chiffres au titre de 2009 : l'enveloppe globale des bonus s'élevait à 3 milliards d'euros pour 8 200 salariés des banques françaises.

Le secteur financier a ainsi très vraisemblablement contribué à l'accroissement des inégalités de revenus comme l'attestent les études empiriques aux États-Unis [Kaplan et Rauh, 2007] et au

Graphique 4. **Évolution de la « prime » salariale dans le secteur de la finance aux États-Unis**

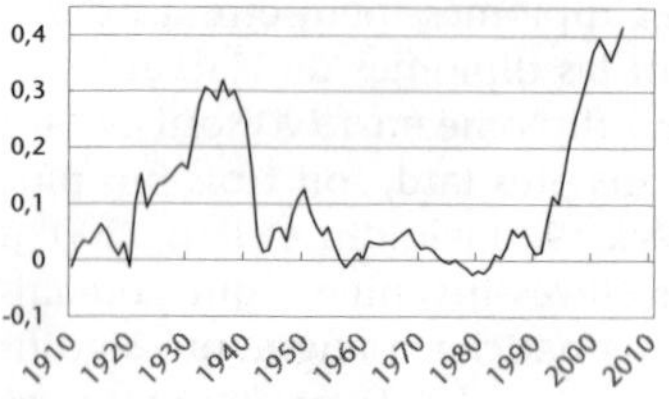

Note : un chiffre de 0,3, par exemple, signifie que le salaire dans la finance est, après prise en compte de l'écart de qualification et de risque de chômage, 30 % plus élevé que dans le reste de l'économie.
Source : Philippon et Reshef [2008].

Graphique 5. **Les bonus à Wall Street**
(en milliards de dollars)

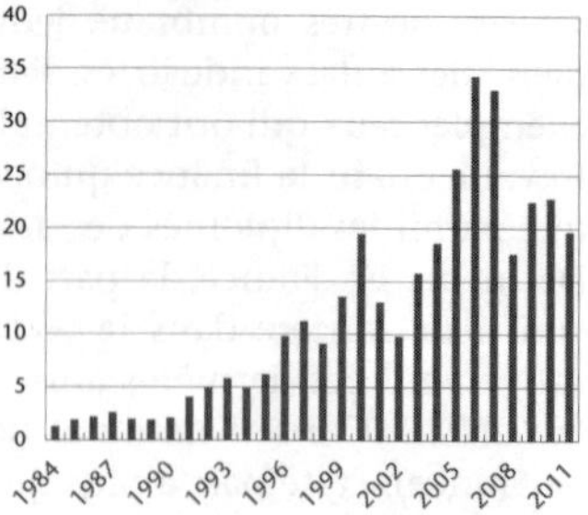

Source : Office of the New York State Comptroller.

Royaume-Uni [Bell et Van Reenen, 2010]. Les hautes rémunérations distribuées au sein des institutions financières ne sont, en outre, guère favorables à l'efficacité du contrôle car ils creusent un fossé entre contrôlés et contrôleurs. Difficile, en effet, pour le régulateur d'offrir à ses contrôleurs des opportunités de carrière et des salaires équivalents à ceux qu'ils obtiendraient de l'autre côté de la barrière. Les plus hautes compétences se retrouvent du côté des supervisés quand il en faudrait, au contraire, davantage du côté des superviseurs.

Réduire la taille du secteur financier ?

L'essor excessif du secteur financier pourrait avoir eu raison de ses bienfaits pour la croissance. D'une part, les crises bancaires et financières sont lourdes de conséquences pour l'économie réelle. D'autre part, lorsque l'essor du secteur financier devient totalement déconnecté de celui de l'économie réelle, la finance devient une sphère de plus en plus autonome qui s'étend, aux dépens de l'économie réelle, en internalisant ses profits et en externalisant ses pertes.

Contenir la taille du secteur financier n'est pas un objectif en soi. Néanmoins, il convient de rétablir une relation de proportionnalité raisonnable entre activités financières et activités économiques. Toute la difficulté réside, bien entendu, dans la définition du « raisonnable ». Mais il n'est pas besoin de définir un seuil car c'est d'abord la tendance qu'il convient de surveiller, celle d'indicateurs macrofinanciers, tels les ratios crédit/PIB, capitalisation boursière/PIB, et l'évolution des prix et des encours d'actifs sur les différents segments des marchés de capitaux. Depuis longtemps disponibles dans les rapports annuels du FMI et de la BRI, ces indicateurs auraient dû préoccuper davantage les autorités de contrôle car ils peuvent servir d'indicateurs avancés des dérèglements futurs. Cette surveillance des tendances globales de la finance constitue un pan important des futures politiques macroprudentielles consacrées à la prévention du risque systémique.

Les instruments réglementaires

La croissance excessive du secteur financier tient pour beaucoup à l'insuffisance ou à l'inadéquation des règles organisant les marchés et l'activité des institutions financières qui y opèrent. Contenir la croissance du secteur financier passe donc d'abord par l'adaptation et le renforcement de ces règles. Celles relatives au fonctionnement des marchés n'ont pas évolué dans le bon sens à la veille de la crise alors que les tendances de la finance mondiale étaient déjà explosives. En particulier, la démultiplication des plates-formes de négociation (fin du principe de concentration des ordres), permise aux États-Unis par le *Regulation National Market System* (Reg NMS, 2005) puis en Europe par la directive sur les marchés d'instruments financiers (MIFID, 2007), combinée à l'usage de nouvelles techniques financières telles que le *trading* haute fréquence, a fait exploser les volumes d'opérations sur les marchés boursiers. Sur les marchés de produits dérivés, l'absence de dépôts de garantie et d'appels de marges pour plus des deux tiers des opérations a également favorisé l'excès de croissance des volumes d'opérations sur ces marchés. Lors du sommet du G20 à Pittsburgh en septembre 2009, il a été décidé de renforcer les règles sur les plates-formes de négociation, ainsi que le rôle et les pouvoirs des autorités de régulation sur les marchés dérivés et de matières premières (c'est l'objet de la directive européenne MIFID 2 proposée fin octobre 2011 pour corriger la MIFID). Les transactions sur produits de gré à gré standard devront dès lors faire intervenir une chambre de compensation (directive européenne EMIR adoptée en 2012). Il est attendu de ces nouvelles règles qu'elles renforcent la sécurité des marchés et qu'elles permettent une croissance plus raisonnable des volumes d'opérations.

C'est encore l'insuffisance ou l'absence de règles qui a permis l'essor des fonds d'investissement, banques d'investissement et *hedge funds* qui constituent aujourd'hui le fameux système bancaire parallèle (*shadow banking*) contre lequel le G20 s'est déclaré résolu à lutter, sans toutefois que les moyens ne soient encore clairement définis.

Pour les institutions du *shadow banking* comme pour les banques, la croissance est allée de pair avec une plus grande contribution au risque systémique. Par leur taille ou par la complexité de leurs opérations, par leurs interconnexions (financières) avec d'autres institutions ou par la non-substituabilité de leurs activités (liée à un fort pouvoir de marché), certaines de ces institutions sont devenues trop grandes pour faire faillite. Aussi ont-elles pu poursuivre leur stratégie de croissance en prenant toujours plus de risques étant assurées qu'en cas de difficulté elles seraient sauvées par les autorités publiques. L'aléa moral a constitué un formidable levier de croissance pour ces institutions financières. À cet égard, réduire la taille des établissements, en particulier celle des banques, ne réduira pas forcément la taille du secteur mais permettrait précisément d'agir sur l'un des éléments clés de leur contribution au risque systémique : de ce point de vue, mieux vaut 500 établissements gérant chacun 100 milliards d'actifs que 100 établissements gérant chacun 500 milliards d'actifs ! Dans cette optique, Thierry Philipponnat, de l'association Finance Watch, soutient la proposition de fixer un plafond de 100 à 200 milliards au montant d'actifs détenus par une banque, l'idée étant qu'en limitant la taille, la faillite redevient possible et que l'on résout alors le problème d'aléa moral.

L'autre voie d'action pour limiter l'emprise des institutions systémiques est celle consistant à leur imposer des suppléments en fonds propres ou en liquidité, comme celles prévues dans les accords de Bâle III pour limiter leur prise de risque. Le renforcement des contraintes de fonds propres et de liquidité issues de Bâle III devrait conduire les banques à ralentir leur activité, l'ajustement aux nouvelles exigences de fonds propres est d'ores et déjà engagé. En revanche, les nouvelles contraintes de liquidité (un ratio à court terme, un autre plus structurel) pourraient poser plus de difficultés. Les banques y voient un danger pour leur contribution au financement de l'économie. Mais, à moins de supposer qu'il faille, dès la crise passée, revenir à la situation explosive d'avant crise, il semble raisonnable du point de vue de la stabilité financière que la réglementation prudentielle aide à mieux contenir l'activité du secteur bancaire. Pour préparer leur ajustement à Bâle III, les banques européennes ont d'ores et déjà engagé un *deleveraging* : certains pans d'activité, certains actifs trop consommateurs en fonds propres ou en ressources stables sont cédés. Le rapport annuel du FMI sur la stabilité financière dans le monde (avril 2012) évalue à près de 2 000 milliards d'euros d'ici la fin de 2013 cet allègement de bilan auquel les grands établissements bancaires de l'Union européenne sont en train de procéder, ce qui représenterait environ 7 % de leur actif. Bien sûr, cet allègement va s'opérer de manière stratégique. D'après le rapport du FMI, elle pourrait prendre la forme d'une réduction des crédits et d'une cession de titres et d'actifs non primordiaux. La question se pose néanmoins de savoir si ce *deleveraging* va s'opérer « au bon endroit ». La contraction des activités de crédit à la consommation ou à l'immobilier sera par exemple moins dommageable que celle des crédits aux PME. De la même manière qu'un accroissement de la taille du secteur bancaire ne devient problématique que s'il engendre une déconnexion avec l'économie réelle et un trop fort risque d'instabilité financière, une taille réduite du secteur bancaire ne sera bénéfique à l'économie réelle que si elle préserve les activités les plus utiles à la société et qu'elle écarte les activités risquées et socialement coûteuses.

Les instruments fiscaux

C'est essentiellement par le renforcement des règles prudentielles et des règles de fonctionnement que les réformes engagées entendent remédier aux débordements du secteur bancaire et financier. Reste toutefois un moyen d'action supplémentaire (plus complémentaire qu'alternatif) : la taxation. L'idée n'est pas nouvelle et a plusieurs fois refait surface dans le débat. Il s'agit de mettre en place, ou de renforcer là où elle existe déjà, une taxe sur les transactions financières ou bien, et cela est plus nouveau, de taxer (plus qu'elle ne l'est déjà) l'activité des banques, voire aussi celle d'autres institutions financières.

En rehaussant les coûts de transaction, une taxe sur les transactions financières (TTF) va diminuer le volume des opérations. S'il n'y a guère à attendre qu'une telle taxe parvienne à séparer le bon grain (les opérations utiles) de l'ivraie (les opérations qui augmentent l'instabilité), au moins constituerait-elle, dans une certaine mesure, un prélèvement compensatoire des profits réalisés par le secteur financier aux dépens de la stabilité financière. À petite échelle, la Commission européenne a opté pour un projet de ce type porté par la France et l'Allemagne. Quelques pays de la zone euro pourraient s'y rallier et appliquer d'ici 2013-2014 une taxe de l'ordre de 0,1 % sur les actions et les obligations et 0,01 % sur d'autres produits financiers tels que des produits dérivés.

Une taxe spécifique sur l'activité des banques ou d'autres institutions financières (FAT, pour *Financial Activities Tax*) est tout aussi envisageable. L'assiette à définir n'est cependant pas du tout la même selon qu'il s'agit de corriger finement les externalités négatives des faillites bancaires (dans l'esprit d'une taxe pigouvienne, il s'agirait alors d'asseoir la taxe sur les activités les plus risquées), ou bien d'augmenter la contribution des établissements financiers aux dépenses publiques (auquel cas l'assiette de la taxe pourrait être aussi large que simple). Quant à l'échelle à laquelle appliquer une telle taxe, attention à ce que le mieux ne soit pas l'ennemi du bien : vouloir que tout s'applique à l'échelle internationale n'est-il pas au fond le meilleur moyen de ne rien faire ?

Références bibliographiques

AGHION P. [2007], « Croissance et finance », *Revue de l'OFCE*, n° 102, p. 79-100.

AGHION P., HOWITT P. et MAYER-FOULKES D. [2005], « The effect of financial development on convergence : theory and evidence », *Quarterly Journal of Economic*, vol. 120, p. 173-222.

ANG J. [2008], « A survey of recent developments in the literature of finance and growth », *Journal of Economic Surveys*, vol. 22, n° 3.

ARCAND J.-L., BERKES E. et PANIZZA U. [2012], « Too much finance ? », *IMF Working Paper*, vol. 12/161.

BECK T., BEYEKKARABACAK B., RIOJA F. et VALEV N. [2009], « Who gets the credit ? And does it matter ? Household vs. firm lending across countries », *CEPR Working Paper*, vol. 7400.

BELL B. et VAN REENEN J. [2010], « Bankers' pay and extreme wage inequality in the UK », *Working Paper*, Centre for Economic Performance, London School of Economics.

BOLTON P., SANTOS T. et SCHEINKMAN J. A. [2011], « Cream skimming in financial markets », *NBER Working Paper*, vol. 16804.

BORDO M. D. et ROUSSEAU P. L. [2011], « Historical evidence on the finance-trade-growth nexus », *NBER Working Paper*, vol. 17024.

CAPELLE-BLANCARD G. et COUPPEY-SOUBEYRAN J. [2012], « L'imposition des entreprises du secteur financier est-elle ajustée à leur capacité contributive ? », Conseil des prélèvements obligatoires, à paraître.

CAPELLE-BLANCARD G. et LABONNE C. [2011], « More bankers, more growth ? Evidence from OECD countries », *CEPII Working Paper*, n° 2011-22.

CECCHETTI S. G. et KHARROUBI E. [2012], « Reassessing the impact of finance on growth », *BIS Working Paper*.

CÉLERIER C. [2011], « Compensation in the financial sector : are all bankers superstars ? », *International Conference of the French Finance Association (AFFI)*, mai, disponible sur SSRN <http://ssrn.com/abstract=1836889>.

CUNNINGHAM S. A., MITCHELL K., NARAYAN K. V. et YUSUF S. [2008], « Doctors' strikes and mortality : a review », *Social Science & Medicine*, vol. 67, n° 11, p. 1784-1788.

DEMIRGÜC-KUNT A. et LEVINE R. [1999], « Bank-based and market-based financial systems, cross-country comparisons », *Policy Research Working Paper*, vol. 2143.

EASTERLY W., ISLAM R. et STIGLITZ J. E. [2000], *Explaining Growth Volatility*, The World Bank.

FAVARA G. [2009], « An empirical reassessment of the relationship between finance and growth », *Working Paper*, HEC University of Lausanne.

GENNAIOLI N., SHLEIFER A. et VISHNY R. W. [2010], « Neglected risks, financial innovation, and financial fragility », *NBER Working Paper*, vol. 16068.

GOLDIN C. et KATZ L. [2008], « Transitions : career and family life cycles of the educational elite », *American Economic Review*, vol. 98, n° 2, p. 263-269.

GOLDSMITH R. [1969], *Financial Structure and Development*, Yale University Press, New Haven.

HASAN I., KOETTER M. et WEDOW M. [2009], « Regional growth and finance in Europe : is there a quality effect of bank efficiency ? », *Journal of Banking and Finance*, vol. 33, n° 8, p. 1446-1453.

HOLMSTROM B. et TIROLE J. [1993], « Market liquidity and performance measurement », *Journal of Political Economy*, vol. 101, n° 4, p. 678-709.

KAPLAN S. N. et RAUH J. [2007], « Wall Street and Main Street : what contributes to the rise in the highest incomes ? », *NBER Working Paper*, n° 13270.

KINDLEBERGER C. P. [1978], *Manias, Panics, and Crashes. A History of Financial Crises*, Basic Books, New York.

KING M. R. et RIME D. [2010], « The $4 trillion question : what explains FX growth since the 2007 survey ? », *BIS Quarterly Review*, décembre.

KING R. G. et LEVINE R. [1993], « Finance and growth : Schumpeter might be right », *Quarterly Journal of Economics*, vol. 108, n° 3, p. 717-737.

LEVINE R. [2005], « Finance and growth : theory, evidence, and mechanisms », *in* AGHION Ph. et DURLAUF S. (dir.), *Handbook of Economic Growth*, North-Holland Elsevier Publishers, Amsterdam.

LEVINE R., LOAYZA N. et BECK T. [2000], « Financial intermediation and growth : causality and causes », *Journal of Monetary Economics*, vol. 46, p. 31-77.

LOAYZA N. et RANCIÈRE R. [2005], « Financial development, financial fragility and growth », *IMF Working Paper*, vol. 05/170.

MANNING M. J. [2003], « Finance causes growth : can we be so sure ? », *The B.E. Journal of Macroeconomics*, vol. 3.

MERTON R. C. [1995], « A functional perspective of financial intermediation », *Financial Management*, vol. 24, n° 2, p. 23-41.

MINSKY H. P. [1974], « The modeling of financial instability : an introduction », *Modelling and Simulation*, vol. 5, *Proceedings of the Fifth Annual Pittsburgh Conference, Instruments Society of America*, p. 267-272.

MISHKIN F. [1998], « Financial consolidation : dangers and opportunities », *NBER Working Paper*, vol. 6655.

MURPHY K. M., SHLEIFER A. et VISHNY R. W. [1991], « The allocation of talent : implications for growth », *Quarterly Journal of Economics*, vol. 16, n° 2.

PHILIPPON T. [2009], « The evolution of the U.S. financial industry from 1860 to 2007 », *NYU Working Paper*.

— [2010], « Financiers vs. engineers : should the financial sector be taxed or subsidized ? », *American Economic Journal : Macroeconomics*, vol. 2, n° 3, juillet, p. 158-182.

— [2011], « Has the U.S. finance industry become less efficient ? », *NYU Working Paper*, n° FIN-11-037.

PHILIPPON T. et RESHEF A. [2008], « Wages and human capital in the U.S. financial industry : 1909-2006 », *NBER Working Paper*, vol. 14644.

PHILIPPONNAT Th. [2012], « Evidence provided to the high-level expert group on structural reform of the E.U. banking sector at 29 March 2012 hearing », www.finance-watch.org/2012/05/liikanen-fw-evidence/.

POZSAR Z., ADRIAN T., ASHCRAFT A. B. et BOESKY H. [2010], « Shadow banking », *FRB of New York Staff Report*, n° 458.

RAJAN R. G. [2005], « Has financial development made the world riskier ? », *Proceedings of the 2005 Jackson Hole Conference*, organized by the Kansas City Fed.

RANCIÈRE R., TORNELL A. et WESTERMANN F. [2008], « Financial liberalization », *in* DURLAUF S. N. et BLUME L. E. (dir.), *New Palgrave Dictionary of Economics*, Palgrave Macmillan, New York.

RIOJA F. et VALEV N. [2004], « Does one size fit all ? A reexamination of the finance and growth relationship », *Journal of Development Economics*, vol. 74, n° 2, p. 429-447.

ROBINSON J. [1952], « The generalisation of the general theory », *The Rate of Interest and Other Essays*, MacMillan, Londres.

ROODMAN D. [2009], « A note on the theme of too many instruments », *Oxford Bulletin of Economics and Statistics*, vol. 71, p. 135-158.

ROUSSEAU P. L. et WACHTEL P. [2002], « Inflation thresholds and the finance-growth nexus », *Journal of International Money and Finance*, vol. 21, p. 777-793.

— [2011], « What is happening to the impact of financial deepening on economic growth ? », *Economic Inquiry*, vol. 49, n° 1, p. 276-288.

STIGLITZ J. E. [2000], « Capital market liberalization, economic growth, and instability », *World Development*, vol. 28, p. 1075-1086.

TOBIN J. [1984], « On the efficiency of the financial system », *Lloyds Bank Review*, vol. 153, p. 1-15.

WACHTEL P. [2003], « How much do we really know about growth and finance ? », *Economic Inquiry*, vol. 88, p. 33-47.

VI / La montée des échanges Sud-Sud dans le commerce mondial

*Jean-Raphaël Chaponnière et Marc Lautier**

La progression des échanges entre pays du Sud est l'évolution du commerce mondial la plus spectaculaire du début du XXIe siècle : ces échanges Sud-Sud représentent désormais près d'un tiers du commerce mondial de marchandises. Leur essor s'explique par la différenciation des pays du Sud. L'industrialisation et le développement de certains d'entre eux, particulièrement en Asie, créent de nouvelles complémentarités entre pays du Sud. Ces complémentarités sont des opportunités mais également des sources de tensions. Elles pourraient rendre plus difficile le changement de spécialisation des exportateurs de produits primaires. Les courants d'échanges entre pays du Sud dessinent une nouvelle géographie centrée sur l'Asie, loin des schémas de blocs continentaux regroupant Nord et Sud.

Le décollage des échanges Sud-Sud

Depuis 1980, le commerce mondial a quadruplé en volume et quasiment décuplé en valeur pour atteindre 18 000 milliards de dollars en 2011 (OMC). Sa croissance n'a été interrompue qu'à trois reprises : en 1981-1982 et en 2001 du fait de la contraction de l'économie américaine, puis en 2009, lorsque la crise financière

* Jean-Raphaël Chaponnière est chercheur associé à Asia Centre, Marc Lautier est maître de conférences à l'université Paris-XIII.

mondiale a provoqué une chute prononcée des échanges. Mais, alors qu'en 1981 et 2001 leur redressement avait accompagné la reprise de la demande américaine, il s'explique en 2010 par la dynamique des échanges Sud-Sud (encadré 1).

Ces échanges Sud-Sud représentaient 10 % du commerce mondial en 1967 ; leur part a progressé avec les chocs pétroliers, puis diminué avec le contre-choc, avant qu'une nette progression s'engage dans les années 1990 pour s'accélérer dans les années 2000 (graphique 1). Cette accélération s'accompagne de la stagnation des échanges Nord-Sud et de la baisse de la part de celle des échanges Nord-Nord.

Reflet de leurs avantages comparatifs, les exportations des pays du Sud consistent « traditionnellement » en produits primaires et

Encadré 1. Les frontières du Sud et les principaux exportateurs

Le « Sud » n'a jamais constitué un ensemble homogène. Comme les catégories « tiers monde » ou « pays en développement », le « Sud » est défini par défaut comme l'ensemble des pays non riches. La frontière entre le Nord et le Sud a évolué. La Corée du Sud, le Chili ont rejoint le club des pays riches, l'OCDE, dont pour des raisons géopolitiques la Turquie est un membre fondateur. Dans ce chapitre, nous avons choisi de définir le Sud comme le monde diminué des pays du Nord : UE-27, Suisse, Norvège, États-Unis, Canada, Japon, Australie, Nouvelle-Zélande et Israël. Cette définition place dans le Sud les pays « émergents », qui étaient ou sont en développement pendant la plus grande partie de la période examinée. Selon cette définition, le Sud regroupe 87 % de la population mondiale et réalise 37 % du PIB mesuré en dollars courants en 2011.

Premier exportateur mondial, la Chine est de loin le premier exportateur vers le Sud. Les « nouveaux pays industriels » d'Asie (Corée du Sud, Taiwan, Singapour, Malaisie, Thaïlande) et l'Inde sont également présents sur ces marchés et les produits manufacturés représentent une part importante de leurs exportations. Hors Asie, les principaux exportateurs Sud-Sud sont les fournisseurs de matières premières et les puissances industrielles régionales comme le Brésil ou la Turquie.

Graphique. **Principaux exportateurs du Sud vers le Sud, 2010**
(en milliards de dollars)

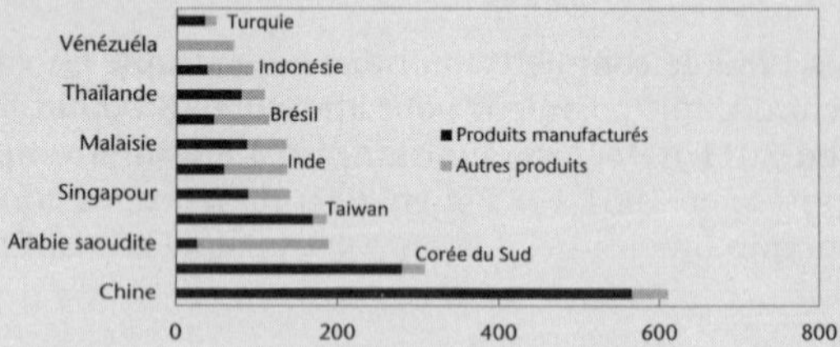

Source : Base de données Chelem-CEPII, calculs des auteurs.

Graphique 1. **Nord et Sud dans le commerce mondial de biens, 1967-2010**
(en %)

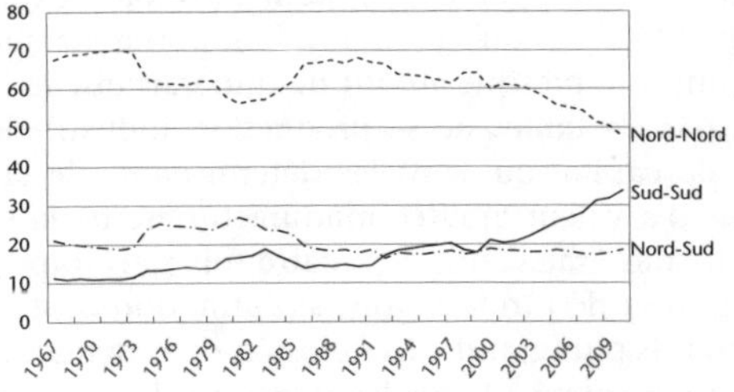

Source : Base de données Chelem-CEPII, calculs des auteurs.

produits manufacturés simples des filières textile-habillement-cuir, ensemble de produits que l'on nomme ici « spécialisation traditionnelle ». Les exportations du Nord sont composées de produits manufacturés plus sophistiqués, caractéristiques d'une « spécialisation avancée ». Au cours des vingt dernières années, les exportations des pays du Nord ont surtout progressé dans les services (30 % de leurs exportations totales en 2010) ; la structure de leurs exportations de marchandises n'a globalement guère varié, les trois quarts de ces exportations correspondant à une spécialisation avancée. Au cours de la même période, la structure des exportations des pays du Sud s'est, elle, sensiblement modifiée (tableau I.a). En proposant les mêmes produits pour des qualités différentes, le Sud concurrence de plus en plus le Nord, en particulier sur les marchés du Sud. En 1990, les trois quarts des importations du Sud de produits avancés provenaient du Nord ; en 2000, ça n'était plus que les deux tiers et seulement la moitié en 2010 (tableau I.b).

Tableau I. **Composition des exportations du Sud vers le monde**
(en %)

	1970	1990	2010
a) Composition des exportations du Sud vers le monde :			
Spécialisation avancée	30	40	58
Spécialisation traditionnelle	70	60	42
b) Provenance des importations du Sud de produits « avancés » :			
Sud	11	21	48
Nord	89	79	52

Note : produits traditionnels = produits primaires, produits agroalimentaires et textile-cuir (catégories D, J, K, H et I de la nomenclature Chelem). Produits avancés = total des biens – produits traditionnels.

Source : Base de données Chelem-CEPII, calculs des auteurs.

L'effet Chine et la surprimarisation du Sud

La Chine – le « pays de l'appétit » selon l'expression de T. Todorov [2008] – est le premier importateur mondial de pétrole et importe presque autant de minerais que le Nord. Ceci s'explique par les tailles de sa production industrielle et de sa formation de capital qui sont les déterminants de la demande de minerais. La valeur ajoutée manufacturière de la Chine, qui dépasse celle des États-Unis, est quatre fois plus importante que celle du Brésil et de l'Inde réunis, sa formation brute de capital fixe est cinq fois plus grande. L'explosion de la demande chinoise a largement contribué à l'envolée des cours des produits miniers et pourrait être à l'origine de l'apparition d'un « super-cycle ». Du fait des délais séparant la recherche et l'exploitation de gisements, la tendance séculaire à la baisse des cours serait interrompue pendant une dizaine d'années [Cuddington et Jerret, 2008 ; Kaplinsky et Farooki, 2011].

Globalement, le Sud est devenu le principal débouché des exportations de matières premières des pays du Sud (il en importe une fois et demie plus que le Nord). Aussi l'évolution des cours obéit-elle désormais moins à la conjoncture du Nord qu'à celle du Sud ; les exportateurs s'inquiètent davantage de la conjoncture chinoise que de celle des États-Unis. La dernière crise, la plus grave de l'après-guerre dans les pays de l'OCDE, n'a eu qu'un impact limité sur les cours, qui n'ont diminué qu'à l'annonce d'un ralentissement chinois fin 2011.

La forte demande et la hausse des prix relatifs des produits primaires accentuent le syndrome hollandais chez les exportateurs du Sud : leur évolution vers d'autres spécialisations devient plus difficile. À cet effet s'ajoute l'impact de la concurrence des produits manufacturés chinois, tant sur leurs marchés domestiques que sur l'ensemble des marchés mondiaux.

L'industrie textile africaine offre un exemple des effets de cette concurrence. Cette industrie a bénéficié de l'*African Growth Opportunity Act* (AGOA) que les États-Unis ont adopté en 2000. Ce dispositif a ouvert le marché américain aux articles confectionnés en Afrique quelle que soit l'origine des fils et tissus utilisés (les règles d'origine de l'Initiative des Caraïbes, par exemple, sont plus strictes : les fils ou tissus, s'ils sont importés, ne doivent provenir que des États-Unis). L'AGOA a attiré en Afrique subsaharienne de nombreux investisseurs asiatiques ; les exportations africaines d'habillement vers les États-Unis ont doublé entre 2000 et 2004 et des milliers d'emplois ont été créés. Cependant, l'élimination en 2005 des quotas d'importation qui, dans le cadre de l'accord multifibres (AMF), limitaient l'accès des produits asiatiques aux marchés des pays développés, a exposé les exportations africaines à la déferlante chinoise. En trois ans, de 2005 à 2008, la part de la Chine dans les importations d'habillement des États-Unis a doublé ; elle a ensuite continué de progresser jusqu'à atteindre 38 % en 2011. En Afrique du Nord, l'industrie textile a également souffert de la concurrence chinoise sur les marchés européens comme sur les marchés locaux [Alden, 2012]. Au total, la demande chinoise de matières premières et la compétitivité industrielle de la Chine constituent un double défi considérable pour l'avenir industriel des pays africains [Collier, 2008]. Certes, la hausse des salaires en Chine permet à certains pays de gagner des parts sur les marchés jusque-là dominés par les entreprises chinoises [Chandra *et al.*, 2012 ; Banque mondiale, 2012] ; mais cette opportunité profite à l'Asie (Vietnam, Bangladesh) et non à l'Afrique subsaharienne.

L'influence de la Chine est aussi déterminante pour le futur de l'industrie manufacturière de l'Amérique latine. Dans plusieurs pays de cette région, les exportations se concentrent sur un ou quelques produits : pétrole brut pour la Colombie et le Vénézuéla, produits agricoles pour l'Argentine, minerai de fer pour le Brésil, métallurgie et minerais non ferreux pour le Chili et le Pérou. Selon B. Baduel *et al.* [2012], jusqu'à la fin des années 1990, les relations commerciales de l'Amérique du Sud et de l'Amérique centrale avec la Chine étaient de nature différente, de complémentarité pour la première, de concurrence pour la seconde. Depuis, les exportations d'Amérique centrale ont souffert de la disparition des quotas textiles tandis que les pays qui bénéficiaient de relations de complémentarité se voient confrontés à l'afflux de produits industriels chinois sur leurs marchés intérieurs. Ceux-ci représentent entre 15 % et 25 % de leurs importations et entre 1 % et 6 % de leur consommation privée. La compétitivité latino-américaine a été érodée par le différentiel d'inflation qui a élargi l'écart de coûts relativement aux produits chinois. L'appréciation du real est un handicap supplémentaire pour le Brésil. Une vaste étude industrielle [BNDES, 2010] a montré que plus les produits primaires locaux sont transformés au Brésil, moins ils deviennent compétitifs sur le marché mondial.

Pour de nombreux pays du Sud, la part des produits manufacturés est sensiblement plus faible dans leurs exportations vers la Chine que dans leurs exportations vers le reste du monde (RDM) (graphique 2). Ainsi, les produits manufacturés qui représentent 80 % des exportations de la Turquie vers le RDM, ne constituent que 20 % des exportations turques vers la Chine ; vue de Pékin, la Turquie est un exportateur de produits miniers. Dans les exportations brésiliennes, la part des produits manufacturés est deux fois moindre dans les produits destinés à la Chine que dans ceux exportés vers le RDM (respectivement 20 % et 40 %) ; un phénomène semblable s'observe au Vietnam (respectivement 40 % et 65 %), en Inde ou en Indonésie. Surtout, cette différence dans la composition des exportations s'est accentuée entre 2000 et 2010 dans les cas de la Turquie, du Brésil, de l'Argentine, de l'Inde et de l'Afrique du Sud.

Graphique 2. **Part des produits manufacturés dans les exportations vers la Chine et vers le reste du monde, 2010**
(en %)

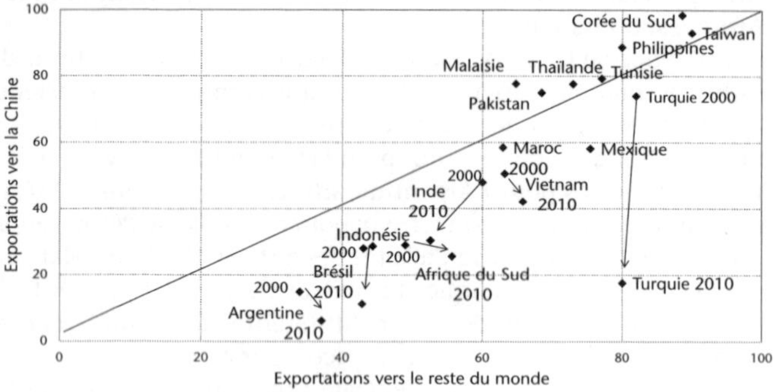

Source : Base de données Chelem-CEPII, calculs des auteurs.

En sens inverse, alors qu'on ne rencontre aucune voiture chinoise sur les routes européennes, celles-ci apparaissent déjà sur certaines routes africaines. De la même façon, les voitures coréennes avaient été exportées en Équateur et en Amérique latine bien avant de rouler sur les autoroutes d'Amérique du Nord, et le Japon exportait des véhicules dès les années 1930 en Afrique du Sud. Ces différences traduisent une particularité du commerce international des pays émergents déjà analysée par B. Lassudrie-Duchêne [1979] : la hiérarchisation des avantages comparatifs suivant les partenaires commerciaux. La dynamique de rattrapage se nourrit, pour la plupart des pays émergents, d'une divergence temporaire des structures d'exportation vers le Nord et vers le Sud. La montée en gamme apparaît d'abord dans les échanges avec les pays du Sud. Lorsque la Chine exporte des produits plus sophistiqués d'abord vers le Sud, elle reproduit une trajectoire déjà suivie par d'autres.

La compétitivité de l'industrie chinoise constitue un formidable défi pour l'industrialisation des autres pays en développement. Des économistes, y compris dans les rangs des libéraux, en sont venus à préconiser des mesures de protection, au moins temporaires, du continent africain contre les produits asiatiques [Collier, 2008, p. 169]. En Amérique latine, confrontée à une « croissance sans industrie » (l'indice de la production manufacturière n'a pas progressé entre 2005 et janvier 2012), différentes mesures protectionnistes ciblant des produits chinois (tubes en acier, téléphones) ont été adoptées ; des ventes de terres ont été interdites dès lors que des acheteurs chinois sont entrés en scène, alors qu'aucune disposition n'avait été prise tant que les acquéreurs étaient d'origine américaine ou européenne [Luttwak, 2012, p. 53].

Régionalisation ou dynamique de hiérarchisation

Au début de la décennie 2000, l'idée dominante était que les échanges mondiaux allaient se régionaliser, chacune des grandes économies avancées – États-Unis, Union européenne et Japon – développant des relations commerciales plus étroites avec sa périphérie en développement. Cette évolution ne s'est pas concrétisée. L'Afrique subsaharienne commerce désormais davantage avec l'Asie qu'avec l'Europe. Au Maghreb, la Chine a supplanté la France comme premier fournisseur de l'Algérie. Sur le continent américain, le projet d'une vaste zone de libre-échange de l'Alaska à l'Argentine a fait long feu. Sur la base d'un modèle GVAR appliqué aux cinq grandes économies latino-américaines, A. Cesa-Bianchi *et al.* [2011] ont montré que l'impact d'un choc provenant de Chine a triplé depuis 1990 alors que l'impact d'un choc en provenance de l'économie américaine n'a pas varié.

De même, la prolifération des accords de libre-échange (ALE) bilatéraux ou régionaux entre pays du Sud à laquelle on assiste depuis les années 1990 n'a pas sensiblement modifié la géographie des échanges. C'est le cas même en Asie où, depuis que le Japon a pris l'initiative de signer un accord de libre-échange avec

Singapour, les ALE se sont multipliés : Pékin a signé des ALE avec chacun des pays de l'ASEAN, la Corée du Sud a fait de même (d'où le fameux « bol de nouilles », décrit par Richard Baldwin, formé par l'entrelacs des accords bilatéraux). En dépit de ces accords, la régionalisation commerciale n'a pas augmenté en intensité : la part des échanges intra-régionaux au sein de l'Asie de l'Est-Océanie s'est stabilisée à 45 %. La progression des échanges intra-asiatiques a accompagné l'essor de l'Asie dans le commerce mondial.

On assiste par contre à une polarisation du commerce Sud-Sud autour de l'Asie. Dans les années 1960, le commerce Sud-Sud se répartissait également entre les continents (graphique 3). À partir des années 1990, le poids des échanges intra-Asie émergente a progressé jusqu'à représenter près de 25 % du commerce mondial (rappelons que l'ensemble du commerce Sud-Sud en représente 33 %). La part des autres régions s'est stabilisée autour de 5 % pour l'Afrique du Nord-Moyen-Orient et pour l'Amérique latine, et à 2 % pour l'Afrique subsaharienne.

Graphique 3. **Échanges intra-régionaux du Sud**
(en % du commerce mondial)

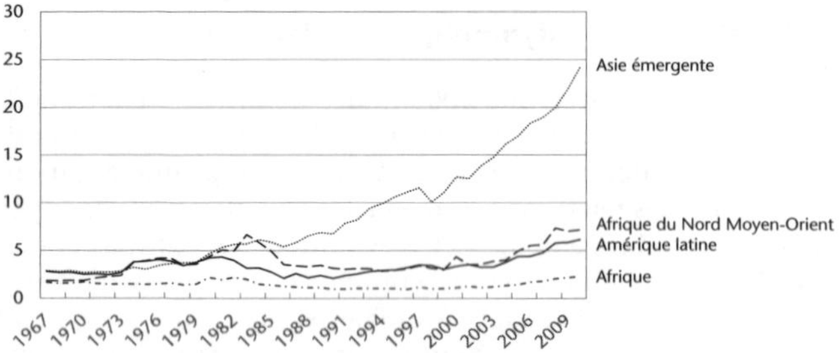

Source : Base de données Chelem-CEPII, calculs des auteurs.

Cette polarisation sur l'Asie apparaît dans le tableau II qui indique les montants des échanges entre les différentes régions du Sud en 2010. Alors que l'Afrique subsaharienne réalise la moitié de ses échanges avec le Sud, et que le commerce intra-africain s'est intensifié, les pays africains commercent beaucoup plus avec l'Asie émergente, et en particulier avec la Chine, leur premier partenaire depuis 2009. On constate la même évolution à propos de la zone Afrique du Nord-Moyen-Orient : le commerce intra-régional a fortement progressé (2,2 fois le rythme mondial), mais cette région échange presque trois fois plus avec l'Asie.

L'Amérique latine est, avec l'Asie, la seule région en développement où le commerce Sud-Sud est à prédominance régionale. Mais son orientation asiatique s'accélère : le commerce Brésil-Chine a progressé 11 fois plus vite que la moyenne mondiale entre 2000 et 2010, le commerce Brésil-Inde ou Chili-Inde 7 fois plus vite. La place de la Chine dans les échanges des pays du Sud ne s'explique pas seulement par un effet de taille, elle s'explique aussi par une intensité plus forte de ses échanges avec les autres régions en développement. Ainsi, l'Afrique subsaharienne qui importe 2 % des exportations mondiales, absorbe 2,8 % des exportations chinoises contre seulement 1,8 % des exportations européennes.

Tableau II. **Les échanges Sud-Sud en 2010**
(en milliards de dollars)

		Importations					
		Afrique	**Asie**	**Amérique latine**	**Pays arabes et M.-O.**	**Sud**	**Monde**
Exportations	Afrique	39	89	13	12	153	312
	Asie	82	1 022	189	212	1 505	3 291
	Amérique latine	12	116	190	25	343	934
	Pays arabes et M.-O.	30	316	52	108	507	1 080
	Sud	163	1 542	444	358	2 507	6 345
	Monde	285	2 904	905	853	4 947	14 326

Note : exemple de lecture : l'Afrique exporte 89 milliards de dollars vers l'Asie et en importe 82 milliards.

Source : Base de données Chelem-CEPII, calculs des auteurs.

Le circuit intégré asiatique

Le commerce intra-asiatique représente 60 % des échanges de l'Asie. La division internationale du travail en Asie a été largement façonnée par la concurrence entre les entreprises américaines et japonaises. Alors que les premières choisissaient de fabriquer leurs composants en Asie dès les années 1960, les firmes japonaises ont attendu la réévaluation du yen en 1985 pour faire de leurs filiales asiatiques, qui servaient jusque-là leurs marchés d'implantation, des tremplins d'exportation vers les États-Unis ou de réexportation vers le Japon. Suivies par les chaebols coréens et les firmes taiwanaises, les entreprises japonaises ont fragmenté leurs processus de production entre les nouveaux pays industriels d'Asie. La crise asiatique (1997-1998) puis l'adhésion de la Chine à l'OMC (2001) ont ouvert la voie à une reconfiguration de ces réseaux de production : les échanges de produits intermédiaires se sont intensifiés avec la Chine qui est devenue l'atelier de l'Asie et exportatrice des produits finis. La Chine est ainsi devenue le premier partenaire commercial de la plupart des pays asiatiques. Mais la prise en compte de sa fonction d'atelier amène à relativiser sa position. En s'appuyant sur les déclarations des entreprises, D. He et W. Zhang [2008] ont montré que la moitié des exportations coréennes, singapouriennes, malaisiennes et thaïlandaises vers la Chine était constituée de demi-produits que la Chine assemble puis exporte vers les États-Unis et l'Europe. La prise en compte de la destination finale des produits fait de la Chine un débouché final plus modeste que ne le suggèrent les statistiques.

L'une des spécificités du commerce intra-asiatique est la place qu'y occupe l'industrie électronique : 40 % des produits manufacturés échangés au sein de la zone appartiennent à cette filière. Ces flux consistent en demi-produits qui ne sont pas taxés lorsqu'ils traversent les frontières, soit du fait de l'implantation des entreprises importatrices dans des zones franches ou des avantages douaniers négociés, soit parce que ces produits relèvent de l'accord sur les technologies de l'information (signé en 1996 à Singapour) qui exonère de taxes douanières les échanges de l'industrie électronique.

L'Asie fonctionne ainsi comme un « circuit intégré » [Chaponnière, 2004] où chaque produit est l'aboutissement d'une odyssée. Une « fonderie » coréenne fabrique des tranches de silicium envoyées à Singapour où elles seront découpées en plaques et testées ; les puces seront ensuite assemblées aux Philippines et montées sur des circuits en Chine ; ces derniers s'intégreront dans un lecteur de disque dur fabriqué en Thaïlande qui sera envoyé en Chine pour être placé dans un ordinateur. La place de l'électronique explique que la part des demi-produits soit deux fois plus élevée dans les échanges intra-asiatiques (40 %) que dans les échanges intra-européens ou intra-ALENA. Relevant surtout de transactions intra-branches et intra-firmes, ces échanges sont la conséquence de la fragmentation internationale des processus de production. Alors que la valeur ajoutée à chaque étape de la fabrication est parfois très faible, les passages de frontière à chaque stade du processus gonfle la valeur des échanges. La fragmentation de la production aurait contribué à la hausse de l'élasticité du commerce par rapport au PIB constatée depuis les années 1980 [Maurer et Degain, 2010]. Du fait de cette organisation spécifique, le taux d'ouverture (échanges rapportés au PIB) apparaît comme une mesure peu pertinente et il serait préférable de lui substituer le rapport entre la valeur ajoutée nationale comprise dans les exportations et le PIB. Cela amènerait à reconsidérer la géographie des échanges et le niveau des soldes bilatéraux [Daudin *et al.*, 2008]. Les évaluations faites dans le cas de la Chine aboutissent à un taux d'ouverture de l'ordre de 10 % à 20 % du PIB au lieu de 40 %. Ce rapport aurait d'ailleurs diminué depuis 2000 car la montée en gamme des exportations chinoises s'est accompagnée d'une baisse de la part de la valeur ajoutée chinoise comme l'illustrent les exemples souvent cités de l'Ipod et de l'Iphone. En comparaison, le taux d'ouverture corrigé serait de 8 % en Inde, 10 % en Indonésie, de 15 % en Corée du Sud, de 20 % en Thaïlande et de 25 % en Malaisie.

La géographie industrielle asiatique n'est pas figée. À l'instar des NPI de la première génération, la Chine « remonte les filières » : les entreprises chinoises ou asiatiques investissent en Chine pour fabriquer les demi-produits auparavant importés. Par ailleurs, la mise en œuvre de l'accord de libre-échange entre la Chine et les pays de l'ASEAN pourrait favoriser une concentration des activités industrielles sur les marchés les plus importants [Yusuf et Nabeshima, 2010]. Une évolution souhaitée par les acheteurs qui, pour diminuer les coûts de transaction et les coûts des contrôles liés au renforcement des exigences de responsabilité sociale et environnementale, préfèrent désormais traiter avec moins de fournisseurs. En outre, tirant la leçon de l'accident nucléaire de Fukushima et des inondations de Bangkok (automne 2011) qui ont révélé les fragilités du « circuit intégré asiatique », plusieurs grands groupes ont envisagé une réorganisation de leurs chaînes de fabrication en Asie.

Le Sud perd-il le Nord ?

À moyen et long termes, le maintien probable d'un écart de croissance entre le Nord et le Sud annonce la poursuite du basculement du commerce mondial. Si l'on prolonge les tendances actuelles, les échanges Sud-Sud pourraient représenter la moitié du commerce mondial en 2020. Pour les économies du Sud, ce rééquilibrage global provoque, à défaut d'une déconnexion encore chère à certains, une distanciation progressive des économies du Nord et un renforcement des interdépendances commerciales Sud-Sud, sources de nouvelles tensions. Toutefois, sur le plan conjoncturel, si la thèse du découplage avec le Nord ne se confirme pas, le sens du couplage se modifie.

En 2007, alors qu'on attendait un « atterrissage en douceur » de l'économie américaine, un vif débat s'était instauré à propos du « découplage » des économies émergentes. Leur croissance subirait-elle l'infléchissement attendu de la conjoncture américaine ? La hausse de la demande domestique pallierait-elle le ralentissement des exportations ? Or ce qui a caractérisé la crise de 2008, c'est la simultanéité du choc : la production industrielle a chuté de concert aux États-Unis, à Singapour, en Corée du Sud, à Taiwan et en Thaïlande. Cette synchronisation, qui a sans doute été l'une des caractéristiques de la crise de 2008, s'explique par la fragmentation des processus de production et la gestion courte des stocks, [Chaponnière, 2012 ; Kuroiwa et Kuwamori, 2011]. L'imbrication des économies explique l'absence de découplage conjoncturel. Par contre, le sens des effets d'entraînement évolue. En effet, non seulement le redressement des économies émergentes n'a pas attendu la reprise du Nord, mais il a dynamisé les exportations américaines et européennes !

La crise a démontré l'absence de découplage entre les conjonctures du Nord et du Sud, mais on assiste à un détachement plus structurel entre les rythmes de croissance au Nord et au Sud. Cette bifurcation s'inscrit dans la longue durée. S. Patel [1983] a rappelé que, depuis le XIXe siècle, les périodes de ralentissement des pays avancés avaient coïncidé avec l'émergence de nouveaux acteurs, ainsi l'Allemagne ou les États-Unis au cours de la longue dépression qui a débuté en 1873, le Japon pendant la Grande Crise, les NPI dans les années 1970 et les grands émergents dans les années 2000. Si elle s'inscrit dans cette perspective, l'émergence chinoise n'en représente pas moins un bouleversement sans précédent, en attendant celle de l'Inde. En effet, lorsqu'à la fin du XIXe siècle, les États-Unis ont conquis la première place devant le Royaume-Uni, leur population représentait 3,5 % du total mondial alors que la montée en puissance de la Chine a mis en mouvement près d'un cinquième de la population mondiale.

Repères bibliographiques

ALDEN C. [2012], « Investissements chinois et création d'emplois en Algérie et en Égypte », *Notes économiques*, Banque africaine de développement.

BADUEL B., BARAJA A. et QUENAN C. [2012], « Amérique latine : qu'implique le renforcement des relations commerciales avec la Chine ? », *Flash Natexis*, mars.

BALDWIN R. E. [2006], « Managing the noodle bowl : the fragility of East Asian regionalism », *CEPR Discussion Paper Series*, n° 5561.

BANQUE MONDIALE [2012], « Light manufacturing in Africa », *Background Paper.*

BNDES [2010], « Étude "Perspectivas do investimento no Brasil", Présentation », KUPFER D., Séminaire CEPN-UFRJ, Rio de Janeiro, 8 juin.

CESA-BIANCHI A., PESARAN M., HASHEM M., REBUCCI A., XU T.T. [2011], « China's emergence in the world economy and business cycles in Latin America », *IBD Working Paper,* n° 266.

CHANDRA V., LIN J. Y. et WANG Y. [2012], « Leading Dragons phenomenon : new opportunity for catch-up in low-income countries », World Bank, *Policy Research Paper.*

CHAPONNIÈRE J.-R. [2004], « L'électronique en Asie orientale, division internationale du travail et intensification des échanges », *in* TAILLARD C. (dir.), *Intégrations régionales en Asie orientale,* Les Indes savantes, Paris.

— [2012], « The socioeconomic consequences of the global crisis on Asia », *in* SCHUERKENS U. (dir.), *Socioeconomic Outcomes of the Global Financial Crisis,* Routledge, New York.

COLLIER P. [2008], *The Bottom Billion. Why the Poorest Countries are Falling and What Can be Done About it,* Oxford University Press, New York.

CUDDINGTON J. et JERRET D. [2008], « Super cycles in real metals prices ? », *Document de travail du FMI,* n° 55.

DAUDIN G., MONPERRUS-VERONI P., RIFFLART C. et SCHWEIGUTH D. [2008], « Value added trade and regionalisation », 11e Conférence annuelle, Global Economic Analysis, Helsinki.

IFRI [2002], *Le Commerce mondial au XXIe siècle,* Institut français des relations internationales, Paris.

HE D. et ZHANG W. [2008], « How dependent is the Chinese economy on exports and in what sense has its growth been export led ? », *Hong Kong Monetary Authority Working Paper, n°* 14.

KAPLINSKY R. et FAROUKI M. [2011], *How China Disrupted Global Commodities : The Reshaping of the World's Resource Sector,* Routledge Studies in Global Competition, Londres.

KUROIWA I. et KUWAMORI H. [2011], « Impact of the US economic crisis on East Asian economies : production networks and triangular trade through Chinese main land », *China and the World Economy 1-10,* vol. 19, n° 6.

LASSUDRIE-DUCHÊNE J.-L. [1979], « Les échanges intra-branche et la hiérarchisation des avantages comparés dans le commerce international », *Revue économique,* n° 3, mai.

LUTTWAK E. [2012], *La Montée en puissance de la Chine et la logique de la stratégie,* Odile Jacob, Paris.

MAURER A. et DEGAIN C. [2010], « Globalisation and trade flow : what you see is not what you get ! », *Document de travail ERSD,* n° 12.

MESQUITA MOREIRA M. [2006], « Fear of China : is there a future for manufacturing in Latin America ? », *Inter American Bank Occasional Paper,* n° 36.

PATEL S. [1983], « The age of the Third World », *Third World Quarterly,* vol. 5, n° 1.

THOMAS H. [2010], « The *de facto* preferential trade agreement », *East Asia Review of International Political Economy,*19 octobre.

TODOROV T. [2008], *La Peur des barbares, au-delà du choc des civilisations,* Robert Laffont, Paris.

YUSUF S. ET NABESHIMA K. [2010], *Changing the Industrial Geography in Asia :The Impact of China and India,* World Bank.

VII / Le commerce international des déchets

Sophie Bernard, Damien Dussaux, Mouez Fodha et Matthieu Glachant *

La loi française définit comme déchet « tout résidu d'un processus de production, de transformation, ou d'utilisation, toute substance, matériau, produit, ou plus généralement tout bien meuble abandonné ou que son détenteur destine à l'abandon ». Cette définition indique que le déchet n'est pas une marchandise comme les autres ; destiné à l'abandon, son prix peut être négatif. Le prix du déchet devient positif dès lors que son coût de collecte et de traitement est moindre que la valeur des matériaux récupérables qu'il contient. C'est pourquoi la valeur économique du déchet dépend à la fois du progrès technique dans les secteurs de récupération (secteurs « verts ») qui transforment le déchet en matière première secondaire et de l'évolution des prix des matières premières.

Devenus marchandises, certains déchets font l'objet d'échanges internationaux. Le développement rapide de ce commerce est lié à la hausse des cours des matières premières – une grande partie des échanges concerne des déchets valorisables qui peuvent se substituer au moins partiellement aux matières premières vierges. Cependant, de nombreux observateurs craignent que ce développement ne s'accompagne de dommages environnementaux dans des pays importateurs présentant une législation laxiste sur

* Sophie Bernard est professeure adjointe à Polytechnique Montréal. Damien Dussaux est chercheur à Mines ParisTech. Mouez Fodha est professeur d'économie à l'université d'Orléans. Matthieu Glachant est professeur d'économie à Mines ParisTech.

les conditions de traitement, d'élimination et de recyclage. Ces inquiétudes ont d'ailleurs conduit à l'adoption de la Convention de Bâle en 1989, un accord international régulant le commerce international des déchets dangereux.

Ce chapitre dresse un état des lieux du commerce international des déchets à partir des données statistiques de la base Comtrade des Nations unies et du secrétariat de la Convention de Bâle, et présente les principaux enjeux économiques et environnementaux qui lui sont associés.

Les déchets : origines et modes de traitement

Avant d'aborder le commerce international de déchets, nous allons rappeler quelques éléments de la « gestion » des déchets, entendue comme la collecte, le transport et l'élimination des déchets.

Le tableau I présente, sur le cas de la France, l'origine des déchets par types de producteurs. L'agriculture, la construction et le BTP sont, de loin, les secteurs générant le plus grand poids de déchets. Mais, dans l'agriculture, la majorité des déchets est constituée des déjections animales valorisées au sein des exploitations par retour au sol, tandis que, dans la construction, il s'agit le plus souvent de déchets minéraux non pollués (béton, tuiles, céramiques, verres, granulats...), c'est-à-dire de déchets inertes – ils ne se décomposent pas, ne brûlent pas, ne sont pas biodégradables et ne produisent aucune réaction physique ou chimique – dont le traitement est peu coûteux.

Tableau I. **La production de déchets en France en 2009**

	Collectivités territoriales	Ménages	Agriculture et sylviculture	Construction et BTP	Autres activités de production
Tous déchets :					
millions de tonnes	5,3	31,9	374	253	106
part dans le total	< 1 %	4 %	49 %	33 %	14 %
Déchets dangereux :					
millions de tonnes	0	0,1	0	0	8

Source : Ademe, 2012.

Les « déchets dangereux » sont ceux qui ont des caractéristiques (définies dans l'annexe I de l'article R 541-8 du code de l'environnement) présentant des risques pour la santé humaine ou l'environnement. Les déchets dangereux peuvent être de nature organique (solvants, hydrocarbures...) ou minérale (acides, sables, boues...). Ils proviennent principalement des industries chimiques, plastiques et métallurgiques, mais aussi des « déchets toxiques en quantités dispersées », produits en petites quantités par les ménages, les artisans-commerçants et les PME (garages, coiffure, photographies, imprimeries...). L'industrie produit aussi des « déchets industriels banals », déchets ni inertes ni dangereux (papiers, cartons, bois, textiles, métaux non ferreux...).

Les déchets dont l'élimination relève de la compétence de la collectivité (essentiellement déchets des ménages, des petites entreprises et des commerces) sont appelés « déchets municipaux ».

Une fois collectés, les déchets peuvent être recyclés ou compostés quand il s'agit de déchets organiques (graphique 1). Ils peuvent être réutilisés, c'est le cas, par exemple, des vêtements usagés, des bouteilles en verre consignées ou de certains appareils électroniques usagés. Ils peuvent enfin être incinérés, le plus souvent avec récupération de l'énergie, ou mis en décharge.

Ces opérations peuvent se dérouler dans le pays dans lequel est produit le déchet ou à l'étranger. Dans la pratique, le commerce international concerne surtout les déchets destinés à être recyclés ou réutilisés. L'exportation pour mise en décharge ou incinération est plus limitée, notamment parce que de nombreuses législations nationales la découragent, voire, pour certains types de déchets, l'interdisent ; l'exportation peut dans ce cas se faire de manière illégale (par exemple, l'exportateur déclare frauduleusement que

Graphique 1. **Les débouchés des déchets**

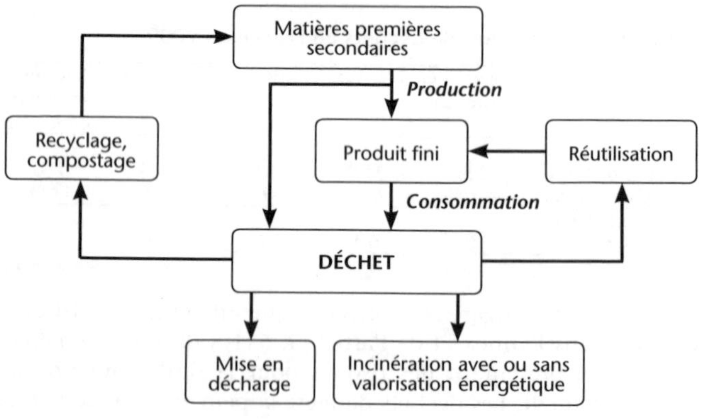

le déchet est destiné à être recyclé ou réutilisé). La question du commerce illégal sera abordée dans la dernière partie du chapitre.

La politique de l'Union européenne (UE) établit une hiérarchie des modes de traitement que les législations des États membres doivent chercher à respecter : la prévention de la production de déchets est préférable à leur réutilisation, préférable au recyclage, lui-même préférable à l'incinération avec valorisation thermique. L'élimination (incinération sans valorisation thermique ou enfouissement en décharge) ne doit intervenir qu'en dernier recours ou pour traiter les résidus des autres modes de traitement (du recyclage notamment). Cette hiérarchie s'est traduite par différentes dispositions promouvant le recyclage des emballages, des équipements électriques et électroniques, des véhicules usagés, des piles et accumulateurs, etc. Les deux dernières décennies ont également été marquées en Europe et en France par un renforcement des normes sanitaires et environnementales encadrant l'incinération et la mise en décharge.

Comme le montre le tableau II, la France est aujourd'hui bien placée en matière de valorisation énergétique par rapport à la moyenne de l'UE, moins bien dans le domaine du recyclage. Elle reste toutefois loin de pays performants comme la Belgique ou les Pays-Bas qui présentent un taux global de valorisation de 60 %.

Tableau II. **Les débouchés des déchets municipaux de la France et de l'UE-27, 2009**

	Mise en décharge	Incinération avec valorisation énergétique	Incinération sans valorisation énergétique	Recyclage	Autre valorisation matière
France	31 %	33 %	2 %	17 %	17 %
UE-27	39 %	17 %	5 %	25 %	15 %

Source : Eurostat.

Une croissance très rapide des échanges internationaux

Le commerce international des déchets augmente très vite. Le graphique 2 présente son évolution en tonnes et en valeur de 2003 à 2010. Le volume a progressé à un rythme annuel moyen de 6,7 %. En valeur, la progression sur l'ensemble de la période est sensiblement plus importante (23 % par an en moyenne), en dépit du recul prononcé en 2009. Cette différence entre volume et valeur trouve son origine dans l'évolution du prix des matières

Graphique 2. **Évolution des exportations de déchets**

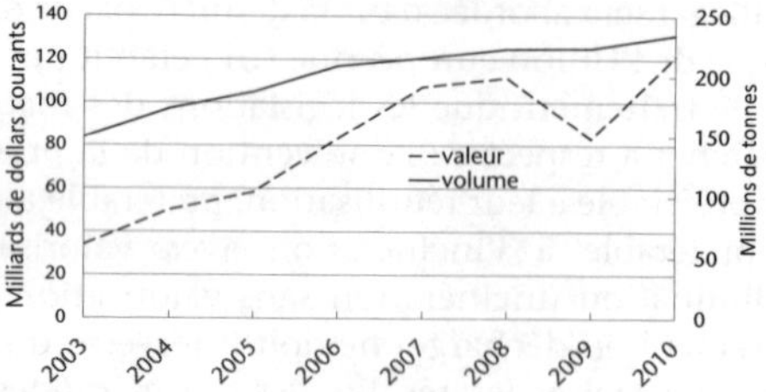

Source: Nations unies, Comtrade (version avril 2012), calculs des auteurs.

premières qui détermine directement le prix de certains déchets transformables en matières premières secondaires pouvant être utilisées en substitution totale ou partielle de la matière première vierge (ferrailles, papiers cartons usagés, etc.).

Avec une progression en valeur nettement plus élevée pour les déchets que pour l'ensemble des marchandises (environ + 10 % par an), la part des déchets dans le commerce mondial a quasiment doublé de 2003 à 2010 pour atteindre environ 0,9 % des échanges totaux. Les deux acteurs majeurs du commerce international des déchets sont la Chine, côté importateur, et les États-Unis, côté exportateur, avec chacun plus du quart des échanges (tableau III). Le commerce entre les pays de l'Union européenne représente environ 26 milliards d'euros pour 68 millions de tonnes échangées en 2010, ce qui correspond à presque un tiers du commerce mondial. L'Allemagne s'est spécialisée dans le traitement des déchets, notamment dans celui des déchets toxiques.

Tableau III. **Les principaux importateurs et exportateurs de déchets, 2010**

(en % des échanges mondiaux en dollars)

Importateur		Exportateur	
Chine	27,7	États-Unis	26,0
Allemagne	9,0	Allemagne	9,8
Rép. de Corée	6,1	Royaume-Uni	6,1
Turquie	5,8	Japon	5,9
Belgique	4,5	Pays-Bas	5,6
États-Unis	4,4	France	5,1
Italie	4,1	Canada	3,6
Inde	3,5	Chine	3,0
Pays-Bas	3,2	Belgique	2,7
Espagne	2,8	Mexique	1,5

Source : Nations unies, Comtrade (version avril 2012), calculs des auteurs.

Les déchets valorisables constituent la plus grande part du commerce international

Comme évoqué plus haut, la part des déchets valorisables est majeure dans le commerce international : les ferrailles, les fibres cellulosiques de récupération (les vieux papiers et cartons), le plastique, le bois, l'aluminium, le cuivre et le verre constituent 90 % du volume des déchets échangés (tableau IV). En valeur, les ferrailles constituent toujours le premier poste, suivi du cuivre et des « autres déchets ».

Tableau IV. **Composition du commerce international des déchets, 2010**
(en %)

	en volume	en valeur
Ferrailles	43,0	35,4
Fibres cellulosiques de récupération	23,1	8,1
Résidus agricoles	7,0	2,3
Plastiques	6,5	5,0
Bois	5,7	1,6
Cendres et stériles de minerais	5,0	0,6
Aluminium	3,1	8,9
Cuivre	2,3	17,3
Verre	1,2	0,3
Produits chimiques et huiles PCB	0,8	1,1
Autres métaux	0,6	2,2
Textiles	0,4	0,6
Autres	1,4	16,7
Tous déchets	100	100

Source : Nations unies, Comtrade (version avril 2012), calculs des auteurs.

Le tableau V décrit pour l'acier et le fer, l'aluminium, le cuivre, le papier et le plastique la part de la matière première secondaire dans le total des échanges de la matière considérée (matière vierge plus matière secondaire). La part du volume de matière première secondaire est très significative. Elle est même majoritaire pour le papier avec 52 %. Cette part augmente sensiblement entre 2003 et 2010 : la progression du volume de déchets échangés est nettement supérieure à celle des échanges de la matière vierge correspondante (en particulier pour le plastique). Le fait que la valeur par tonne augmente plus vite que celle de la matière vierge indique que la matière secondaire est un substitut de plus en plus satisfaisant à la matière première vierge.

Le fait que le déchet soit une ressource valorisable est maintenant au centre des réflexions des décideurs publics. En particulier, la nouvelle politique européenne de promotion du recyclage

Tableau V. **Part de la matière secondaire dans le commerce international de la matière (vierge plus secondaire)**
(en %)

Type de déchet		Ferrailles	Alumi-nium	Cuivre	Papier	Plastique
Part dans le volume échangé	2003	19,4	13,5	21,7	43,4	4,3
	2010	21,5	14,7	25,2	52,4	7,8
Part dans la valeur échangée	2003	8,1	5,4	9,6	16,2	0,8
	2010	11,9	7,9	13,8	22,6	1,4

Source : Nations unies, Comtrade (version avril 2012), calculs des auteurs.

vise explicitement à diminuer la dépendance de l'Union européenne à l'égard des importations de matières premières. En moyenne, seuls 40 % des déchets solides de l'UE sont aujourd'hui récupérés ou recyclés, le reste finissant en décharge ou étant incinéré. La Commission européenne s'est fixé comme objectifs de stimuler le marché des matières secondaires et la demande de matériaux recyclés par des mesures d'incitation économique à partir de 2014 et de réexaminer les objectifs existants en matière de prévention, de réutilisation, de recyclage, de valorisation et de réduction de la mise en décharge.

Mais pour que le recyclage soit un substitut à l'importation de matières premières vierges, encore faut-il que les déchets valorisables ne soient pas exportés. De ce point de vue, l'Europe, le Japon ou les États-Unis ont encore du chemin à faire. Le graphique 3 montre en effet que, à la différence de pays émergents comme la Chine ou la Turquie, ils restent des exportateurs nets de déchets.

Graphique 3. **Importations nettes de déchets ramenées au PIB, 2010**
(ferraille, aluminium, cuivre, papier et plastique, en % du PIB)

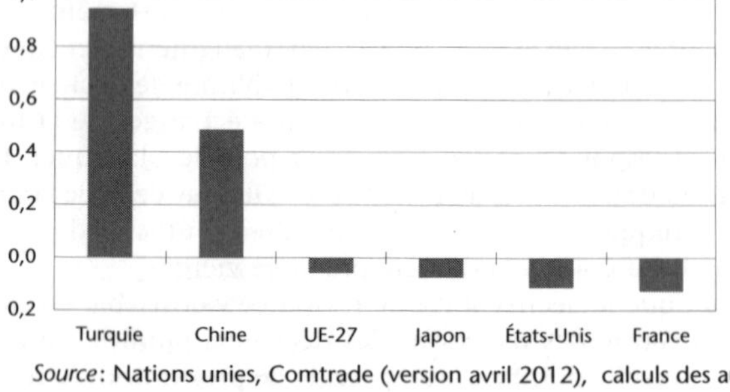

Source: Nations unies, Comtrade (version avril 2012), calculs des auteurs.

Les conséquences environnementales potentielles : les havres de déchets

Cette croissance très rapide du volume des échanges internationaux de déchets soulève la question de ses conséquences sur l'environnement : le commerce international de déchets est-il un instrument au service du développement durable ou, au contraire, participe-t-il à la dégradation de l'environnement mondial ? Si les pays importateurs disposent de techniques de traitement ou de recyclage des déchets à un coût économique et environnemental inférieur, le commerce international est vertueux. En revanche, si ce moindre coût provient de performances environnementales médiocres des installations de traitement dans les pays importateurs, ce commerce est un danger pour l'environnement et la santé. Les pays ayant des réglementations laxistes en matière de gestion des déchets deviendraient des « havres de déchets », par analogie avec l'expression de « havres de pollution » utilisée dans les discussions sur le risque de délocalisation d'activités polluantes dans des pays moins soucieux de l'environnement.

De ce point de vue, la répartition géographique des flux inquiète. Le flux du Nord vers le Sud – où les conditions environnementales de traitement et de valorisation sont *a priori* moins favorables – est relativement plus important pour les déchets que pour l'ensemble des biens échangés : il représente plus du quart des échanges contre 16 % pour l'ensemble des marchandises (tableau VI). Notons qu'il s'agit pour une grande part d'un flux en provenance des États-Unis (41 % du flux Nord-Sud). Du côté des importateurs du Sud, la Chine vient largement en tête, suivie par la Turquie. La Chine importe par exemple une grande quantité de vieux papiers-cartons, à des fins de recyclage puis de production d'emballages pour sa production industrielle destinée à l'exportation. La Turquie dispose de nombreux fours à arc électrique qu'elle alimente avec des ferrailles importées. Le continent africain n'accueille que 3 % des flux Nord-Sud reportés dans les statistiques officielles.

La question de l'impact environnemental du commerce international se pose de manière particulièrement aiguë quand il s'agit de déchets dangereux (par exemple, des produits chimiques, des accumulateurs usagés, etc.). Cette question se pose également pour les autres déchets – plastiques, ferrailles, ordures ménagères en mélange – dont le traitement reste polluant. Cette inquiétude

Tableau VI. **Répartition par origine et destination des échanges de déchets et de l'ensemble des marchandises, 2010**
(en % des échanges en dollars)

	Nord-Nord	Nord vers Sud	Sud vers Nord	Sud-Sud	Total
Déchets	49	27	12	11	100
Tous produits	42	16	23	19	100

Note : Nord = OCDE, Sud = non-OCDE.

Source : Nations unies, Comtrade (version avril 2012), calculs des auteurs.

a conduit à l'adoption d'une régulation internationale dans le cadre de la Convention de Bâle, sur laquelle nous reviendrons dans la partie suivante.

Les écarts de coûts de traitement et d'élimination des déchets entre pays peuvent avoir plusieurs origines. Ils peuvent être liés à la fiscalité sur la gestion des déchets. Un récent rapport de la Commission européenne [2012] montre que, dans ce domaine, de grandes différences existent au sein même de l'Union européenne. Dix-huit États membres sur vingt-sept ont mis en place une taxe sur l'envoi de déchets non dangereux dans des centres d'enfouissement. La taxe va de 3 euros la tonne en Belgique à plus de 100 euros aux Pays-Bas. Quant à l'incinération, seuls six pays européens l'accompagnent d'une taxe qui va de 2,4 euros par tonne en France à 54 euros au Danemark. Les coûts de traitement sont également déterminés par les normes réglementaires limitant les émissions de polluants provenant des activités de traitement des déchets. Ainsi, les directives européennes sur l'incinération (2000/76/CE) et sur l'enfouissement des déchets (1993/31/CE) ont considérablement renchéri le coût de traitement. Enfin, comme nous l'avons évoqué plus haut, les pays industrialisés, en particulier l'Europe, ont multiplié les politiques de recyclage (directives 2006/66/CE sur les piles et accumulateurs, 2006/21/CE sur les déchets de l'industrie extractive, DEEE 2002/96/CE sur les déchets électriques et électroniques, ELV 2000/53/CE sur les véhicules hors d'usage, etc.).

Toutes ces mesures ont renchéri le coût de traitement dans les pays industrialisés. Il est donc probable que l'écart se soit creusé avec les pays en développement qui ne se sont pas engagés aussi vigoureusement dans la protection de l'environnement et que cela ait encouragé les échanges transfrontières de déchets.

Le commerce international de déchets constitue-t-il pour autant un danger pour l'environnement ? Deux études empiriques récentes fournissent des éléments de réponse. La première [Kellenberg, 2012] se demande si une plus grande sévérité de la réglementation environnementale dans un pays s'accompagne d'une augmentation de ses exportations nettes de déchets vers les pays à réglementation environnementale plus laxiste. L'indice de sévérité environnementale est calculé à partir des réponses au *Global Competitiveness Report* du Forum économique mondial, apportées par 7 751 entreprises réparties dans 102 pays. Le questionnaire demande aux entreprises de hiérarchiser la sévérité relative de la régulation (sur l'eau, l'air, les déchets...) de leur pays d'origine relativement aux pays avec lesquels elles entretiennent des relations commerciales. À partir d'un modèle de gravité sur des données en coupe transversale, Kellenberg valide l'hypothèse de l'existence de havres de déchets. Il montre qu'une baisse relative de 1 % de la réglementation environnementale d'un pays par rapport à son partenaire commercial entraîne un accroissement de ses importations de déchets de 0,32 %. Cet effet peut être important s'agissant de couples pays développés/pays en développement, la sévérité de la régulation environnementale de ces derniers étant en moyenne inférieure de 39 % à celle des pays développés. Brunault [2011] obtient des résultats comparables avec un modèle de gravité à effets fixes sur des données de panel.

Les déchets dangereux et la convention de Bâle

Introduite en 1989 et entrée en vigueur en 1992, la Convention de Bâle sur le contrôle des mouvements transfrontières et l'élimination des déchets dangereux est un traité international qui vise à réduire la circulation des déchets considérés comme dangereux, en particulier des pays développés vers les pays en développement. Selon la Convention de Bâle, un déchet est dangereux pour la santé humaine ou l'environnement lorsqu'il présente les caractéristiques définies à l'annexe III de la Convention, ou lorsque la législation du pays exportateur, importateur ou de transit l'a qualifié de dangereux. En ratifiant la Convention, un pays exportateur s'engage à notifier par écrit au pays importateur tout mouvement de déchet dangereux envisagé. Celui-ci doit donner son consentement préalable pour que le mouvement soit autorisé. Si cette autorisation est délivrée, elle est communiquée au secrétariat de la Convention qui supervise ainsi les mouvements transfrontières des déchets. Cependant, comme c'est le cas dans la majorité des traités internationaux, il n'existe pas de sanction contre un État qui ne remplit pas ses obligations.

La Convention de Bâle a été ratifiée par 175 pays, mais ne l'a pas été par le plus gros exportateur mondial de déchets, les États-Unis. Pour certains acteurs, notamment les pays africains qui avaient milité pour l'interdiction totale des transferts de déchets dangereux des pays de l'OCDE vers les pays en développement, la Convention est insuffisante car elle contrôle les transferts de déchets dangereux vers les pays en développement sans les interdire. Pour certains, la Convention pourrait même être contre-productive si elle était interprétée comme un moyen de « régulariser » des flux transfrontières. Des initiatives régionales visant à l'interdiction des exportations vers les pays en développement ont donc émergé. Les pays africains ont adopté la Convention de Bamako, entrée en vigueur le 22 avril 1998, qui interdit d'importer des déchets dangereux en Afrique. On peut également citer l'accord entre les pays du Système d'intégration de l'Amérique centrale adopté en décembre 1992 et la Convention de Waigani associant les pays du Forum des îles du Pacifique.

On comprend alors mieux la négociation difficile autour de l'amendement à la Convention de Bâle, le *Ban Amendment* de 1994, qui devait prendre effet le 1er janvier 1998, et qui visait à interdire les exportations de déchets dangereux des pays industrialisés vers tous les pays non-OCDE. Cet amendement n'a été ratifié que par 71 pays. C'est insuffisant pour qu'il entre en vigueur (il faut qu'il soit ratifié par au moins trois quarts des pays parties à la Convention lors de l'adoption du *Ban Amendment*). De manière unilatérale, l'amendement est cependant appliqué au niveau de l'Union européenne. Il en résulte un système à plusieurs vitesses, allant des pays ayant ratifié la Convention et appliquant l'amendement (en Europe) aux pays comme la Russie ou les États-Unis n'ayant ratifié ni la Convention ni l'amendement. Depuis octobre 2011, des pays historiquement opposés au *Ban Amendment* (Australie, Nouvelle-Zélande, Canada, Japon et Inde) ont toutefois annoncé leur décision d'autoriser son entrée en vigueur le plus rapidement possible.

Par ailleurs, les obligations de la Convention sont imparfaitement remplies par les pays l'ayant ratifiée. Selon ses statuts, les pays membres doivent déclarer annuellement leurs importations et leurs exportations de déchets dangereux. En Europe, ces déclarations sont imposées par une directive européenne de 2006 sur le

Graphique 4. **Taux de déclaration des échanges de déchets dangereux par région**
(taux moyen par région en %)

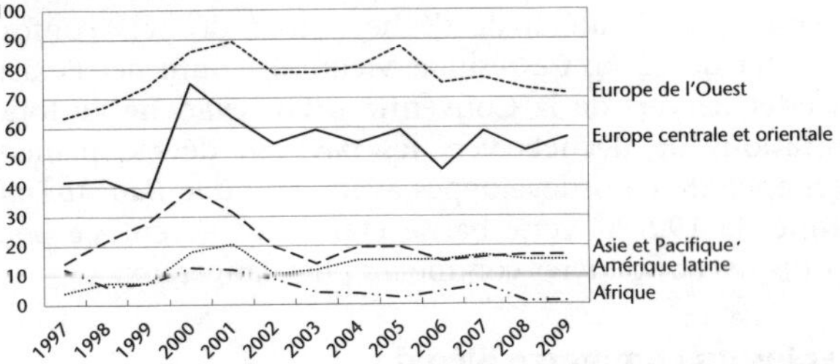

Source: Secrétariat de la Convention de Bâle, www.basel.int.

mouvement des déchets. Le graphique 4 présente le taux de déclaration moyen par région, c'est-à-dire le pourcentage de formulaires effectivement remplis sur le nombre de formulaires qui auraient dû l'être (sachant que chaque pays doit remplir chaque année deux formulaires, l'un pour les importations, l'autre pour les exportations). Même en Europe, le taux de déclaration ne dépasse pas 80 %. Il est d'ailleurs en baisse depuis 2000.

Le tableau VII rapporte les volumes échangés de déchets dangereux (données provenant des déclarations des parties) au volume total du commerce international des déchets (données de la base Comtrade des Nations unies) sur les années 2003-2009. Le pourcentage se situe selon les années entre 2,5 % et 5 %. Au regard de la faible participation à la Convention de Bâle et du taux médiocre de déclaration, il est vraisemblable qu'une part importante des mouvements transfrontières de déchets dangereux ne soit pas prise en compte dans les bilans du secrétariat. Ces chiffres sous-estiment donc sans doute la part des flux de déchets dangereux mais laissent néanmoins penser que celle-ci ne doit pas dépasser 10 %.

Tableau VII. **Échanges de déchets dangereux rapportés à l'ensemble des échanges de déchets (volume)**
(en %)

	2003	2004	2005	2006	2007	2008	2009
Part des déchets dangereux	3,6	3,8	3,4	4,1	3,7	4,9	2,5

Sources : Secrétariat de la Convention de Bâle, www.basel.int, et Nations unies, Comtrade (version avril 2012), calculs des auteurs.

En dépit de ces faiblesses évidentes, la Convention de Bâle et l'amendement ont-ils conduit les pays à diminuer les mouvements transfrontières de déchets ? Un travail empirique apporte une réponse contrastée [Kellenberg et Levinson, 2011]. Il indique que deux pays ayant ratifié la Convention de Bâle voient leur commerce bilatéral de déchets (tous déchets confondus) augmenter de 22 %. Ce résultat viendrait confirmer l'existence d'un effet pervers de la Convention. En revanche, le total des exportations de déchets vers les pays en développement en provenance de pays développés ayant ratifié le *Ban Amendment* diminue de 19,5 %, cette baisse étant plus accentuée pour les vingt déchets considérés comme les plus dangereux.

Les voies du commerce illégal

Dans l'Union européenne, douanes et inspections constatent le mouvement illégal d'environ 16 000 tonnes de déchets chaque année, ce qui représente 0,2 % des déchets déclarés dans l'Union européenne [EEA, 2008]. Ce ne serait que la partie émergée de l'iceberg. Des études estiment que 20 % des échanges internationaux de déchets seraient illégaux [IMPEL, 2004, 2009]. À ce propos, la Belgique affiche un taux de violation de plus de 34 % [IMPEL, 2009], ce qui tend à relativiser sa performance quant au taux de valorisation des déchets.

Même un État vertueux comme l'Allemagne, signataire de la Convention, appliquant le *Ban Amendment* et reportant systématiquement ses exportations, éprouve de grandes difficultés à limiter le commerce illégal. Il est en effet relativement facile pour un exportateur de contourner les règles. On sait, par exemple, qu'un grand nombre de véhicules usagés sont exportés vers l'Afrique de l'Ouest et le Moyen-Orient à partir du port de Hambourg (entre 100 000 et 130 000 véhicules par an). Une enquête du Deutsche Umwelthilfe [2007], une agence allemande pour la protection de l'environnement, a révélé que certains véhicules étaient remplis de déchets électroniques et de déchets en tous genres, les portes étant fermées à clé et scellées avec de la mousse polyuréthane, sous prétexte d'éviter les vols à destination. Le DUH soupçonne que le contenu de ces véhicules n'a jamais été contrôlé.

De façon générale, on entend par commerce illégal des pratiques qui vont à l'encontre des règles en vigueur entre les partenaires commerciaux (Bâle, réglementation européenne, accords bilatéraux, règles nationales, etc.). Ceci inclut la falsification de documents quant à la quantité, le type ou la dangerosité des déchets exportés. Une technique courante pour exporter des déchets illégalement est de les déclarer comme « produits réutilisables » alors qu'ils ne le sont pas. Ainsi qualifiés, ces produits ne sont pas des déchets et ne sont donc pas régis par la Convention de Bâle, ni par aucun accord sur les déchets (certains pays ont par ailleurs adopté des politiques restrictives sur l'importation de produits de seconde main). Par conséquent, ils circulent comme des biens ordinaires. Cette stratégie de contournement de la réglementation internationale est particulièrement utilisée par les exportateurs de déchets électroniques. Partant d'Europe, les déchets électroniques terminent généralement leur vie en Afrique et en Asie du Sud-Est.

Tout comme pour le commerce légal des déchets, les réglementations locales sur le traitement et l'élimination des déchets augmentent le coût local de gestion et rendent l'exportation illégale plus intéressante. Au Royaume-Uni, les négociants sont prêts à payer jusqu'à 3 livres pour récupérer un écran d'ordinateur usagé, alors qu'il en coûterait 5 livres pour le traiter localement [IMPEL, 2005]. Des chiffres similaires montrent qu'à Hambourg, les négociants paient 1 euro pour récupérer un écran usagé, alors que son démantèlement local coûte plus de 4 euros [Deutsche Umwelthilfe, 2007].

Les pays importateurs de déchets illégaux ont aussi leur part de responsabilité. Plusieurs gouvernements, bien qu'informés des problèmes liés au commerce international, ferment les yeux devant les bénéfices d'une économie informelle qui permet à des milliers de travailleurs de gagner leur vie et fournit de la matière recyclable.

Une partie des déchets recyclables exportés vers les pays émergents est transformée et revient, incorporée à des biens de consommation, vers les économies industrialisées ; c'est le cas, par exemple, du papier recyclable importé par la Chine [Biagiotti 2011]. Or le manque de surveillance internationale permet à des produits toxiques, et même radioactifs, de se glisser dans le flux de matières recyclées. Ce type de contamination a, par exemple, conduit au retrait du marché américain de boîtes de mouchoirs décoratives contaminées au cobalt-60 en provenance d'Inde. D'autres pays comme le Canada, la France et l'Allemagne se sont également retrouvés avec des produits contaminés, tels que des râpes à fromage, des sacs à main, des boulons, des valves, des boutons d'ascenseur ou des pieds de table en provenance de Chine, d'Inde, du Mexique, du Brésil ou des pays de l'ex-Union soviétique.

L'absence d'application systématique des règles relatives au commerce international des déchets, ainsi que le manque de normes universelles peuvent entraîner des conséquences sanitaires et environnementales importantes. Ces impacts, à travers le recyclage et la contamination, se propageront des décharges vers les activités de production et de consommation.

Repères bibliographiques

ADEME [2012], *Chiffres clés Déchets - édition 2012*, mai.

BIAGIOTTI I. [2011], « Le grand marché planétaire des déchets », *Courrier de la Planète, Alternatives internationales*, hors-série n° 9, mai.

BRUNAULT L. [2011], *Convention de Bâle et commerce international : une analyse empirique des mouvements transfrontières de déchets*, Projet de fin d'études, Écoles des Ponts, Paritech, Mines ParisTech, Cerna.

COMMISSION EUROPÉENNE [2012], « Use of economic instruments and waste management performances », <http://ec.europa.eu/environment/waste/pdf/final_report_10042012.pdf>.

DEUTSCHE UMWELTHILFE [2007], « Hamburg – Gate to the world for illegal waste exports ? Part 2 », <http://www.duh.de>.

EEA [2008], *Transboundary Shipments of Waste in the EU : Developments 1995-2005 and Possible Drivers*, European Environment Agency.

IMPEL [2004], *IMPEL-TFS Seaport Project : Illegal Waste Shipments to Developing Countries, Common Practice*, The European Union Network for the Implementation and Enforcement of Environmental Law.

— [2005], *IMPEL-TFS Threat Assessment Project : The Illegal Shipment of Waste Among IMPEL Member States*, The European Union Network for the Implementation and Enforcement of Environmental Law.

— [2009], *Services to Support the IMPEL Network in Connection with Joint Enforcement Actions on Waste Shipment Inspections and to Coordinate Such Actions*, European Commission.

KELLENBERG D. [2012], « Trading wastes », *Journal of Environmental Economics and Management*, <doi:10.1016/j.jeem.2012.02.003>.

KELLENBERG D. et LEVINSON A. [2011], « A waste of effort ? International environmental agreements and trade », *Working Paper*.

Base de données sur l'économie mondiale

(Des informations et des données complémentaires figurent sur le site à l'adresse suivante : www.cepii.fr/francgraph/bdd/chelem/panorama/panorama.htm)

TABLEAU I. LES GRANDES ZONES DE L'ÉCONOMIE MONDIALE

	PIB courant en milliards de dollars	PIB_{PPA} en milliards de dollars (base 2005)	Population en millions d'habitants	PIB_{PPA} par habitant en dollars (base 2005)	Croissance 2001-2011 en %			Croissance du PIB_{PPA} (en %)		
	2011	2011	2011	2011	PIB_{PPA}	Population	PIB_{PPA}/hab.	2011	2012e	2013p
Monde	70 041	70 370	6 965	10 104	3,6	1,2	2,4	3,7	3,4	4,0
Alena	18 005	16 034	465	34 479	1,7	1,0	0,7	2,0	2,2	2,5
Amérique du Sud	4 580	4 649	477	9 741	4,2	1,2	3,0	4,6	3,7	4,2
Union européenne à 27	17 579	14 133	508	27 820	1,4	0,4	1,0	1,6	0,0	1,3
Autres Europe	2 322	1 983	118	16 817	3,7	1,0	2,7	5,3	1,8	2,8
CEI	2 418	2 985	279	10 683	5,2	0,0	5,2	4,8	4,1	4,1
Moyen-Orient et Maghreb	2 707	3 502	376	9 303	4,5	2,0	2,4	2,1	3,3	3,8
Afrique subsaharienne	1 280	1 797	866	2 076	5,2	2,4	2,8	4,5	4,7	5,0
Japon	5 870	3 917	128	30 680	0,6	0,0	0,6	- 0,7	2,0	1,7
NPI d'Asie	3 502	4 679	514	9 102	4,7	1,2	3,5	4,1	4,4	5,2
Chine et Indochine	7 690	10 564	1 461	7 232	10,2	0,6	9,5	9,0	8,0	8,6
Australie et Nlle-Zélande	1 684	954	27	35 339	2,8	1,5	1,3	1,9	3,0	3,5
Autres Asie et Océanie	2 404	5 173	1 746	2 964	7,2	1,5	5,6	6,6	6,4	6,7

Sources : CEPII, Base de données CHELEM-PIB et projections par pays du FMI, *World Economic Outlook*, avril 2012 pour les années 2012 et 2013 (les moyennes par zone ne sont pas toujours identiques à celles fournies par le FMI du fait de pondérations différentes).

TABLEAU II. LES PRINCIPAUX PAYS DU MONDE : PIB_{PPA} SUPÉRIEUR À 110 MILLIARDS DE DOLLARS EN 2011

	PIB courant en milliards de dollars 2011	PIB_{PPA} en milliards de dollars (base 2005) 2011	Population en millions d'habitants 2011	PIB_{PPA} par hab. en dollars (base 2005) 2011	Croissance 2001-2011 moyenne annuelle en %			FBCF en % du PIB 2010	Taux d'exportation en % du PIB 2010	Solde courant en % du PIB 2011	Consom. d'énergie par hab. (kg éq. pétr.) 2009	Indice de développement humain* 2011
					PIB	Population	PIB/hab.					
ALENA												
États-Unis	15 117	13 340	316	42 257	1,6	0,9	0,7	15	13	- 3,1	7 050	0,910
Canada	1 737	1 232	34	35 709	1,9	1,0	0,9	22	29	- 2,8	7 534	0,908
Mexique	1 151	1 462	115	12 731	2,2	1,3	0,9	25	30	- 0,8	1 559	0,770
AMÉRIQUE DU SUD												
Argentine	446	632	41	15 491	5,7	0,9	4,8	22	22	- 0,5	1 853	0,797
Brésil	2 429	2 014	197	10 242	3,7	1,1	2,6	19	11	- 2,1	1 243	0,718
Chili	249	264	17	15 226	4,4	1,0	3,3	21	39	- 1,3	1 698	0,805
Colombie	330	416	47	8 877	4,5	1,5	3,0	24	16	- 2,8	697	0,710
Pérou	177	266	30	9 007	6,4	1,2	5,1	24	25	- 1,3	550	0,725
Vénézuéla	420	330	29	11 207	3,2	1,7	1,4	21	29	8,6	2 357	0,735
UNION EUROPÉENNE												
Allemagne	3 574	2 814	82	34 407	1,1	- 0,1	1,1	17	47	5,7	3 889	0,905
Autriche	419	306	8	36 353	1,8	0,5	1,3	22	54	1,2	3 784	0,885
Belgique	512	365	11	33 124	1,5	0,7	0,8	20	80	- 0,1	5 300	0,886
Danemark	333	181	6	32 405	0,6	0,4	0,2	17	50	6,2	3 369	0,895
Espagne	1 492	1 251	46	27 063	1,8	1,3	0,5	23	26	- 3,7	2 756	0,878
Finlande	266	174	5	32 236	1,8	0,4	1,5	19	40	- 0,7	6 213	0,882
France	2 782	1 956	65	29 990	1,1	0,6	0,5	19	25	- 2,2	3 970	0,884
Grèce	299	255	11	22 512	1,0	0,3	0,6	16	22	- 9,7	2 609	0,861
Hongrie	140	172	10	17 294	1,8	- 0,2	2,0	18	87	1,6	2 480	0,816
Irlande	217	162	5	35 372	2,0	1,7	0,3	11	101	0,1	3 216	0,908
Italie	2 199	1 646	61	27 078	0,2	0,6	- 0,4	20	27	- 3,2	2 735	0,874

UNION EUROPÉENNE (suite)												
Pays-Bas	837	622	17	37 262	1,3	0,4	0,9	19	78	7,5	4 729	0,910
Pologne	515	691	38	18 215	4,2	- 0,1	4,3	21	42	- 4,3	2 464	0,813
Portugal	238	227	11	21 275	0,3	0,3	- 0,1	20	31	- 6,4	2 266	0,809
Rép. tchèque	215	253	11	23 973	3,2	0,3	2,9	23	79	- 2,9	4 003	0,865
Roumanie	187	240	21	11 207	4,0	- 0,3	4,3	31	23	- 4,2	1 602	0,781
Royaume-Uni	2 415	2 034	63	32 467	1,4	0,6	0,8	15	30	- 1,9	3 183	0,863
Slovaquie	96	113	5	20 753	4,8	0,1	4,6	23	81	0,1	3 086	0,834
Suède	538	331	9	35 200	2,4	0,6	1,8	18	50	6,7	4 883	0,904
AUTRES EUROPE												
Israël	243	208	8	26 642	3,6	1,9	1,6	16	37	0,1	2 878	0,888
Norvège	485	233	5	46 963	1,5	0,9	0,5	22	41	14,6	5 849	0,943
Suisse	642	305	8	38 536	1,7	0,9	0,9	19	54	14,1	3 480	0,903
Turquie	773	992	74	13 456	5,3	1,3	3,9	20	21	- 9,9	1 359	0,699
CEI												
Kazakhstan	180	192	17	11 566	7,7	1,1	6,5	25	44	7,6	4 091	0,745
Russie	1 841	2 095	141	14 831	4,7	- 0,3	5,0	23	30	5,5	4 561	0,755
Ukraine	165	291	46	6 374	3,9	- 0,6	4,6	19	50	- 5,6	2 507	0,729
MOYEN-ORIENT ET MAGHREB												
Algérie	192	275	36	7 637	3,7	1,5	2,2	41	31	10,3	1 138	0,698
Arabie saoudite	556	597	28	21 287	3,8	3,1	0,7	22	57	24,4	5 888	0,770
Égypte	236	458	83	5 531	4,7	1,8	2,8	19	21	- 2,0	903	0,644
Émirats ar. unis	360	334	8	43 128	4,6	9,4	- 4,4	25	78	9,2	8 588	0,846
Iran	443	826	75	11 005	5,0	1,3	3,7			10,7	2 951	0,707
Koweït	183	135	3	48 045	6,1	3,4	2,6			41,8	11 402	0,760
Maroc	99	143	32	4 434	4,6	1,0	3,5	35	33	- 7,4	477	0,582
AFRIQUE SUBSAHARIENNE												
Afrique du Sud	409	489	5	9 660	3,5	1,2	2,3	19	27	- 3,3	2 921	0,619
Nigeria	246	365	163	2 245	6,9	2,5	4,3		37	6,2	701	0,459

	PIB courant en milliards de dollars 2011	PIB_{PPA} en milliards de dollars (base 2005) 2011	Population en millions d'habitants 2011	PIB_{PPA} par hab. en dollars (base 2005) 2011	Croissance 2001-2011 moyenne annuelle en %			FBCF en % du PIB 2010	Taux d'exportation en % du PIB 2010	Solde courant en % du PIB 2011	Consom. d'énergie par hab. (kg éq. pétr.) 2009	Indice de développement humain 2011
					PIB	Population	PIB/hab.					
JAPON	5 870	3 917	128	30 680	0,6	0,0	0,6	20	15	2,0	3 700	0,901
NPI D'ASIE												
Corée du Sud	1 116	1 369	49	27 935	4,1	0,3	3,8	29	52	2,4	4 701	0,897
Indonésie	844	991	243	4 072	5,5	1,2	4,3	32	25	0,2	851	0,617
Malaisie	279	395	29	13 660	5,1	1,9	3,1	21	97	11,5	2 391	0,761
Philippines	213	344	95	3 622	4,8	1,9	2,9	21	35	2,7	424	0,644
Singapour	239	277	5	53 578	6,2	2,2	3,9	24	211	22,0	3 704	0,866
Taiwan	467	773	23	33 262	4,4	0,4	4,1			8,8		
Thaïlande	345	531	69	7 654	4,1	0,8	3,3	26	71	3,4	1 504	0,682
CHINE ET INDOCHINE												
Chine	7 298	9 945	1 345	7 394	10,6	0,6	9,9	48	30	2,8	1 695	0,687
Hong Kong	244	309	7	43 504	4,5	0,6	3,9	24	223	4,1	2 133	0,888
Vietnam	126	265	88	3 008	7,2	1,1	6,0	39	78	- 0,5	745	0,593
AUSTRALIE ET NOUVELLE-ZÉLANDE												
Australie	1 522	843	23	37 319	2,9	1,5	1,4	28	20	- 2,2	5 971	0,929
Nlle-Zélande	161	111	4	25 216	2,2	1,3	0,9	20	29	- 4,1	4 032	0,908
AUTRES ASIE ET OCÉANIE												
Bangladesh	107	235	151	1 557	5,9	1,3	4,5	24	18	- 0,4	201	0,500
Inde	1 812	4 035	1 241	3 250	7,9	1,5	6,3	35	22	- 2,8	560	0,547
Pakistan	211	429	177	2 418	4,7	1,8	2,8	15	14	0,2	502	0,504

Sources : CEPII, bases CHELEM-commerce international, CHELEM-PIB et CHELEM-balance des paiements ; Banque mondiale, 2012 ; *World Development Indicators* et *Global Development Finance*, 2012 ; OCDE, *Main Economic Indicators*, juillet 2012 ; PNUD, 2012 ; FMI, *World Economic Outlook*, avril 2012.

TABLEAU III. MATRICE DES ÉCHANGES TOUS PRODUIT EN 2000 (SURLIGNÉ) ET 2010

(en % du commerce mondial* : 5 937 milliards de dollars en 2000, 14 076 milliards de dollars en 2010)

Zones importatrices / Zones exportatrices	Alena	Amér. du Sud	UE-27	Autres Europe	CEI	M.-O. et Afrique	Japon	NPI d'Asie	Chine Indochine	Océanie Autres Asie	Monde*
Alena	10,8	1,1	3,0	0,4	0,1	0,4	1,2	1,6	0,5	0,4	19,4
	6,1	1,1	2,0	0,1	0,3	0,5	0,5	0,9	0,9	0,4	12,7
Amérique du Sud	1,3	0,9	0,5	0,0	0,0	0,1	0,1	0,1	0,1	0,0	3,3
	1,1	1,1	0,7	0,1	0,1	0,2	0,1	0,2	0,5	0,1	4,2
Union européenne à 27	4,2	0,7	25,5	2,5	0,5	1,6	0,7	1,1	0,7	0,6	38,2
	2,8	0,7	22,7	1,1	2,4	2,0	0,4	0,9	1,3	0,7	35,0
Autres Europe	0,6	0,1	2,2	0,1	0,0	0,1	0,1	0,1	0,1	0,0	3,5
	0,4	0,1	2,2	0,1	0,2	0,3	0,1	0,1	0,2	0,1	3,8
CEI	0,2	0,1	1,1	0,2	0,5	0,1	0,1	0,1	0,1	0,0	2,5
	0,3	0,0	1,8	0,7	0,3	0,2	0,1	0,2	0,3	0,1	3,9
Moyen-Orient et Afrique	1,0	0,1	1,7	0,1	0,0	0,5	0,8	0,9	0,3	0,3	5,8
	1,1	0,4	1,7	0,0	0,2	1,0	0,9	1,3	0,9	0,8	8,3
Japon	2,7	0,2	1,3	0,1	0,0	0,2	0,0	2,3	0,9	0,3	8,1
	1,0	0,2	0,6	0,1	0,1	0,3	0,0	1,5	1,4	0,2	5,5
NPI d'Asie	2,9	0,2	1,6	0,1	0,0	0,4	1,5	2,5	1,6	0,5	11,4
	1,4	0,3	1,2	0,1	0,1	0,6	0,9	2,3	3,1	0,8	11,0
Chine et Indochine	1,9	0,1	1,1	0,1	0,0	0,2	0,9	0,6	0,4	0,2	5,5
	3,1	0,6	2,6	0,4	0,3	0,8	1,1	1,5	0,7	0,7	11,9
Océanie et autres Asie	0,5	0,0	0,4	0,0	0,0	0,2	0,3	0,4	0,2	0,2	2,3
	0,4	0,1	0,6	0,0	0,1	0,5	0,4	0,6	0,7	0,4	3,8
Monde*	26,0	3,6	38,6	3,7	1,3	3,8	5,9	9,6	4,8	2,7	100,0
	17,6	4,6	36,1	2,8	3,9	6,4	4,6	9,6	10,1	4,4	100,0

* Non compris les flux non ventilés géographiques.

Source : CEPII, base CHELEM-commerce international.

TABLEAU IV. MATRICE DES ÉCHANGES DE PRODUITS MANUFACTURÉS EN 2000 (SURLIGNÉ) ET 2010

(en % du commerce mondial* : 4 500 milliards de dollars en 2000, 9 479 milliards de dollars en 2010)

Zones importatrices / Zones exportatrices	Alena	Amér. du Sud	UE-27	Autres Europe	CEI	M.-O. et Afrique	Japon	NPI d'Asie	Chine Indochine	Océanie Autres Asie	Monde*
Alena	11,3	1,2	3,4	0,3	0,0	0,4	1,1	1,8	0,6	0,4	20,5
	6,2	1,0	1,9	0,2	0,1	0,5	0,4	0,9	0,8	0,4	12,4
Amérique du Sud	0,7	0,6	0,3	0,0	0,0	0,0	0,0	0,1	0,0	0,0	1,8
	0,5	0,8	0,3	0,0	0,0	0,1	0,0	0,1	0,2	0,0	2,1
Union européenne à 27	4,8	0,8	27,3	2,7	0,5	1,7	0,8	1,3	0,8	0,6	41,3
	3,4	0,9	25,3	2,7	1,4	2,3	0,5	1,2	1,7	0,8	40,2
Autres Europe	0,5	0,1	1,8	0,1	0,0	0,1	0,1	0,1	0,1	0,1	3,0
	0,4	0,1	2,0	0,1	0,1	0,3	0,1	0,2	0,2	0,1	3,7
CEI	0,2	0,0	0,3	0,1	0,3	0,1	0,1	0,1	0,1	0,0	1,3
	0,1	0,0	0,4	0,1	0,5	0,1	0,0	0,1	0,1	0,0	1,5
Moyen-Orient et Afrique	0,2	0,0	0,5	0,0	0,0	0,2	0,1	0,1	0,0	0,1	1,3
	0,1	0,0	0,5	0,1	0,0	0,5	0,1	0,1	0,2	0,1	1,7
Japon	3,4	0,3	1,7	0,1	0,0	0,3	0,0	2,8	1,2	0,4	10,1
	1,4	0,3	0,8	0,1	0,1	0,4	0,0	2,0	1,9	0,3	7,4
NPI d'Asie	3,6	0,3	2,0	0,1	0,0	0,4	1,4	2,7	1,7	0,5	12,8
	1,9	0,4	1,5	0,2	0,2	0,7	0,9	2,3	3,9	0,7	12,6
Chine et Indochine	2,4	0,1	1,4	0,1	0,0	0,2	1,0	0,6	0,4	0,2	6,4
	4,4	0,8	3,8	0,4	0,5	1,2	1,5	1,9	0,9	1,0	16,3
Océanie et autres Asie	0,4	0,0	0,4	0,0	0,0	0,2	0,1	0,2	0,1	0,2	1,6
	0,4	0,1	0,5	0,1	0,0	0,3	0,1	0,2	0,2	0,2	2,1
Monde*	27,3	3,5	39,1	3,7	1,0	3,6	4,6	9,8	4,9	2,6	100,0
	18,8	4,5	37,1	4,0	2,9	6,3	3,6	9,0	10,0	3,8	100,0

* Non compris les flux non ventilés géographiques.

Source : CEPII, base CHELEM-commerce international.

Tableau V. Spécialisation des échanges sur les grandes filières de biens et services en 2010

(en millièmes du PIB_{PPA} de chaque zone)

Filières	Alena	Amér. du Sud	UE-27	Autres Europe	CEI	M.-O. Maghreb	Afrique subsahar.	Japon	NPI d'Asie	Chine Indochine	Australie Nlle-Zélande	Océanie Autres Asie
Agroalimentaire	6	25	- 1	- 3	- 8	- 27	2	- 17	1	- 8	37	1
Énergétique	- 7	11	- 31	15	101	204	80	- 50	- 39	- 23	25	- 8
Non-ferreux	2	14	- 3	- 1	7	- 2	19	- 6	- 4	- 9	22	1
Sidérurgique	1	7	0	- 6	11	- 14	4	6	- 9	- 8	47	1
Textile	- 6	- 2	- 7	- 3	- 11	- 10	- 6	- 10	4	26	- 10	11
Bois, papiers	- 1	- 1	0	- 8	- 6	- 10	- 5	- 3	0	11	- 11	- 1
Chimique	3	- 12	9	7	- 14	- 14	- 16	8	- 2	- 7	- 22	- 1
Mécanique	2	- 20	16	- 9	- 22	- 40	- 27	34	- 7	0	- 23	- 6
Véhicules	- 3	- 7	8	- 16	- 14	- 24	- 11	35	9	- 5	- 28	0
Électrique	- 2	- 4	1	- 3	- 8	- 13	- 7	7	2	8	- 9	- 1
Électronique	- 8	- 7	- 9	- 6	- 17	- 24	- 10	7	52	18	- 27	- 3
Services	13	- 4	16	33	- 19	- 26	- 23	- 11	- 7	- 2	- 1	4

Note : l'indicateur mesure les points forts (positifs) et les points faibles (négatifs) des échanges d'une zone. Pour chaque zone, le total en colonne est égal à zéro.

Sources : CEPII, base de données CHELEM- commerce international, CHELEM- PIB et CHELEM- balance des paiements.

Table des matières

Collection

R E P È R E S

créée par Michel Freyssenet et Olivier Pastré (en 1983),
dirigée par Jean-Paul Piriou (de 1987 à 2004), *puis par* Pascal Combemale

GRANDS REPÈRES

Classiques

R E P È R E S

La formation du couple. *Textes essentiels pour la sociologie de la famille*, Michel Bozon et François Héran.

Invitation à la sociologie, Peter L. Berger.

Un sociologue à l'usine. *Textes essentiels pour la sociologie du travail*, Donald Roy.

Dictionnaires

R E P È R E S

Dictionnaire de gestion, Élie Cohen.

Dictionnaire d'analyse économique, *microéconomie, macroéconomie, monnaie, finance, etc.*, Bernard Guerrien et Ozgur Gun.

Lexique de sciences économiques et sociales, Denis Clerc et Jean-Paul Piriou.

Guides

R E P È R E S

L'art de la thèse. *Comment préparer et rédiger un mémoire de master, une thèse de doctorat ou tout autre travail universitaire à l'ère du Net*, Michel Beaud.

Comment parler de la société. *Artistes, écrivains, chercheurs et représentations sociales*, Howard S. Becker.

Comment se fait l'histoire. *Pratiques et enjeux*, François Cadiou, Clarisse Coulomb, Anne Lemonde et Yves Santamaria.

La comparaison dans les sciences sociales. *Pratiques et méthodes*, Cécile Vigour.

Enquêter sur le travail. *Concepts, méthodes, récits*, Christelle Avril, Marie Cartier et Delphine Serre.

Faire de la sociologie. *Les grandes enquêtes françaises depuis 1945*, Philippe Masson.

Les ficelles du métier. *Comment conduire sa recherche en sciences sociales*, Howard S. Becker.

Le goût de l'observation. *Comprendre et pratiquer l'observation participante en sciences sociales*, Jean Peneff.

Guide de l'enquête de terrain, Stéphane Beaud et Florence Weber.

Guide des méthodes de l'archéologie, Jean-Paul Demoule, François Giligny, Anne Lehoërff et Alain Schnapp.

Guide du stage en entreprise, Michel Villette.

Manuel de journalisme. *Écrire pour le journal*, Yves Agnès.

Voir, comprendre, analyser les images, Laurent Gervereau.

Manuels

R E P È R E S

Analyse macroéconomique 1.

Analyse macroéconomique 2. 17 auteurs sous la direction de Jean-Olivier Hairault.

La comptabilité nationale, Jean-Paul Piriou et Jacques Bournay.

Consommation et modes de vie en France. *Une approche économique et sociologique sur un demi-siècle*, Nicolas Herpin et Daniel Verger.

Déchiffrer l'économie, Denis Clerc.

L'explosion de la communication. *Introduction aux théories et aux pratiques de la communication*, Philippe Breton et Serge Proulx.

Une histoire de la comptabilité nationale, André Vanoli.

Histoire de la psychologie en France. XIXe-XXe siècles, Jacqueline Carroy, Annick Ohayon et Régine Plas.

Macroéconomie financière, Michel Aglietta.

La mondialisation de l'économie. *De la genèse à la crise*, Jacques Adda.

Nouveau manuel de science politique, sous la direction d'Antonin Cohen, Bernard Lacroix et Philippe Riutort

La théorie économique néoclassique. *Microéconomie, macroéconomie et théorie des jeux*, Emmanuelle Bénicourt et Bernard Guerrien.

Le vote. *Approches sociologiques de l'institution et des comportements électoraux*, Patrick Lehingue.

Composition CEPII, Paris.
Achevé d'imprimer en septembre 2012 sur les presses de la Nouvelle Imprimerie Laballery à Clamecy (Nièvre)
Dépôt légal : septembre 2012
Nº de dossier : 208123

Imprimé en France